U1001777

重温历史 不忘初心 牢记使命

中共湖南省委宣传部 编

为了人民幸福
为了民族复兴

FOR THE HAPPINESS OF THE PEOPLE
FOR THE REJUVENATION OF THE CHINESE NATION

湖湘英雄烈士谱

BIOGRAPHIES OF HUNAN MARTYRS

CS | 湖南人民出版社

前　言

湖南是中国革命的重要策源地，有着丰厚的革命精神资源，是红色基因富矿。

2013 年 11 月，习近平总书记在视察湖南时深情地说，湖南人杰地灵，毛泽东、刘少奇、任弼时、彭德怀、贺龙等老一辈革命家都诞生在这里。“我们对毛主席等老一辈无产阶级革命家最好的纪念，就是继承好、发扬好他们开创的伟大事业，把中国特色社会主义事业不断推向前进……”他多次深情讲述“半条被子”的故事，赞扬其中蕴含的党和人民的鱼水之情；多次提到陈树湘烈士“断肠明志”的壮举，称赞这位青年英雄对革命理想无比坚贞、对党绝对忠诚。

众多的革命先辈，丰厚的红色资源，强大的红色基因，记录着共产党人筚路蓝缕的来时之路，昭示着共产党人的初心与使命担当，彰显着理想信念的伟大力量。

值此庆祝中华人民共和国成立 70 周年之际，为缅怀英烈，铭记历史，不忘初心、牢记使命，我们在“湖湘英烈故事丛书”的基础上，先行推出丛书综合本《为了人民幸福 为了民族复兴——湖湘英雄烈士谱》一书。

全书收录中宣部正在组织报道的《为了民族复兴•英雄烈士谱》，中国革命和建设各个时期793位英烈名单中的95位湘籍英烈。大致以英烈牺牲（逝世）年月先后为序，用一张或多张图片、一段导语、一篇生平传略的方式组织编排内容。其中，导语重在英烈形象刻画与精神提炼；生平传略源自新华社等中央权威媒体专题宣传报道通稿的整理，侧重英烈主要生平事功的生动记述。以此集中展现以95位英烈为代表的湖湘英烈精神风范与革命贡献，并为“湖湘英烈故事丛书”的编写推进起到提纲挈领的作用。

“英雄烈士是时代的先锋，民族的脊梁，是中华民族优秀儿女的典型代表。”他们为之奋斗牺牲的事业是伟大的事业，他们的精神遗产是弥足珍贵的精神财富。《为了人民幸福 为了民族复兴——湖湘英雄烈士谱》是不忘初心、牢记使命的鲜活教材。

党员干部要在“砍头不要紧，只要主义真”英雄气概的品悟中，筑牢信仰之基；在“断肠明志”壮举的感悟中，补足精神之钙；在“敌人能砍下我们的头颅，决不能动摇我们的信仰”坚定追求的领悟中，把稳思想之舵；着力从这些可亲可敬、可歌可泣的湖湘英烈事迹中，汲取不忘初心、牢记使命，接续奋斗的精神动力。

各级党委宣传部门和教育行政部门，要从传承红色基因、发扬革命传统、建设社会主义先进文化的高度，利用好这些生动的湖湘英烈事迹素材。多途径、多形式、多介质面向社会，面向广大青年学生，做好做实理想信念和社会主义核心价值观的宣传教育，凝聚中华民族的价值共识和精神追求。

习近平总书记指出，中国特色社会主义进入新时代，我们比历史上任何时期都更接近，更有信心和能力实现中华民族伟大复兴。实现我们的目标，需要英雄，需要英雄精神。让我们像英烈们一样，在新时代中华民族伟大复兴的新长征中，自觉把共产主义远大理想同中国特色社会主义共同理想统一起来，同我们正在做的事情统一起来，坚定“四个自信”，增强“四个意识”，做到“两个维护”，不为任何风险所惧，不为任何干扰所惑，为建设富饶美丽幸福新湖南，抒写实现中华民族伟大复兴中国梦湖南篇章而不懈奋斗。

编　者

2019 年 7 月

目录

宋教仁
为国捐躯

“会当慷慨煮黄海，手挽倭头入汉关。”1895年，甲午战争失败和丧权辱国的《马关条约》签订的消息让正在宋氏族塾读书、年仅13岁的宋教仁恸哭流涕，面对国仇家恨，他挥毫写下了这样慷慨悲壮的诗句。为了国家强盛和人民福祉，宋教仁一生致力于推翻专制统治，直至为国捐躯。

宋教仁（1882—1913），字钝初，号渔父，湖南省常德市桃源县人。民主革命的先行者，国民党主要筹建人，曾任中华民国临时政府农林部总长。

光绪十四年（1888），6岁的宋教仁进入私塾读书；1899年，升入桃源漳江书院。1902年，考入武昌普通中学堂，翌年入学。在校期间，宋教仁被由吴禄贞等人组织的革命团体在武昌花园山的聚会吸引，他常与同学议论时政，并走上了反清革命之路。

1903年8月，宋教仁结识了黄兴，二人成为挚友。同年11月4日，他与黄兴、刘揆一、陈天华、章士钊筹创华兴会。

1904 年 2 月，华兴会在长沙成立，黄兴任会长，宋教仁任副会长。后宋教仁到日本学习。在此期间，他广泛阅读西方资本主义政治学说和社会制度方面的书籍，还翻译了《日本宪法》《俄国之革命》等各种文稿，对当时世界主要资本主义国家的政治、经济、法律等制度有了相当深刻的认识。

1905 年 6 月，宋教仁创办革命杂志《二十世纪之支那》，当月入读日本法政大学速成科；8 月，支持孙中山在日本东京成立同盟会，任该会司法部检事长，并将《二十世纪之支那》改为同盟会的机关报《民报》。

1910 年底，宋教仁从日本赴上海，任《民立报》主笔，以“渔父”笔名撰写了大量宣传革命的文章。

1911 年 7 月，宋教仁与谭人凤、陈其美等在上海组建同盟会中部总会，任总务干事。他来往于上海、两湖各地，积极发展中部总会分会，筹款购买武器弹药，推动长江中下游流域的革命进程。

1913 年 3 月，中华民国第一届国会选举基本结束，在宋教仁的主持经营下，国民党取得重大胜利。宋教仁正欲循欧洲“内阁制”惯例以党首身份组阁之际，3 月 20 日 22 时 45 分，不幸被暗杀于上海火车站。宋教仁身受重伤，延至 22 日终不治身亡，年仅 31 岁。

宋教仁一生坚守民主宪政，反对专制统治，他的理想虽然没有实现，但他的革命精神和献身精神在中华民族追求民主的斗争史上写下了浓墨重彩的一笔。宋教仁就像一颗流星，虽然短暂，但划破天空时却尤为璀璨绚烂。

宋教仁为民主共和国捐躯，举国恸悼。孙中山为宋教仁撰写挽联："作公民保障，谁非后死者；为宪法流血，公真第一人。"章太炎在《民国报》《神州日报》上评点宋教仁："至于建制内阁，仆则首推宋君教仁，堪为宰辅""谓总理莫宜于宋教仁"。蔡元培在《我之历史》序言中说："（同盟会）抱有建设之计划者居少数。抱此计划而毅然以之自任者尤居少数，宋渔父先生其最著也。"1950年12月，周恩来代表中华人民共和国中央人民政府政务院，为宋教仁家属亲笔签发烈属证明，确认宋教仁的革命烈士身份。

蒋翊武
只为支得江山住

“当年豪气今何在？如此江山怒不平！”他，临危决断，扛起总指挥大旗，一声令下，打响武昌首义，拉开了轰轰烈烈的辛亥革命大幕，将清王朝搅得天翻地覆。他就是蒋翊武，民主革命的先驱、辛亥武昌首义总指挥、孙中山唯一亲自题字的“开国元勋”。

蒋翊武（1884—1913），名保勷，亦作保湘，字伯夔，湖南省常德市澧县人。我国近代杰出的民主革命活动家，辛亥武昌首义的主要组织者和领导者。

蒋翊武出生在澧州（澧县）城内丁公桥附近的一个劳动者家庭。5岁时于塾校澧兰书屋发蒙。14岁时已是国学功底深厚的学子，欲报考长沙时务学堂，因戊戌变法失败未果。少年时期，他常与好友以诗文相会，议论时政。阅读黄宗羲、王夫之倡导民族主义的著作后，反对清朝统治的思想开始在他心中生根。面对科考机会，他断然拒绝，怒斥道：“奴隶功名，要它何用？”

1904年，黄兴策划长沙起义。蒋翊武积极参与密谋，并加入华兴会，配合华兴会副会长宋教仁在常德集结力量，以谋响应。不料事泄失败，蒋翊武被开除学籍。其后，蒋翊武辗转湖南、上海、湖北等地，先后参与筹办或主办《竞业旬报》《商务报》《大江报》等报刊，积极宣传民主革命思想，坚持舆论造势。同时，他通过主持振武学社和文学社，积极发展新军，为民主革命高潮的到来积蓄力量，并被推举为湖北革命军总指挥。

1911年10月9日凌晨，蒋翊武由岳州驻防地赶回武昌小朝街起义总指挥部商议部署革命军起义事宜。因孙武在汉口俄租界参谋部驻地试制炸弹失事，起义机关遭到俄租界的巡捕破坏，起义名单等落入俄巡捕之手。蒋翊武立即以总指挥身份下达起义命令:约定当晚12时整,以南湖炮队鸣炮为号,城内外各军一齐行动。

当晚，小朝街总指挥部遭到破坏，蒋翊武等人被捕。蒋翊武因蓄有长辫、身穿长衫，谎称房东伙夫，趁警察对其监视疏忽时跳墙而走，机智脱险。10月10日天亮，蒋翊武即派人潜入各标营传令：起义改在当天夜间，依照9日原令的程序执行，以争死生于须臾。当天晚8时，工程营在营代表熊秉坤的带领下打响了首义第一枪，各路起义勇士纷纷响应。自此，武昌首义成功，蒋翊武声名大振。

因拥护孙中山武力讨袁主张，参与“二次革命”，蒋翊武被袁世凯下令全国通缉。1913年8月29日，蒋翊武在广西全州被亲袁的广西军阀逮捕。在狱中，他将壮志未酬的惆怅、对民族前途命运的忧虑、对后来人的期待与召唤写进了文字里：“当

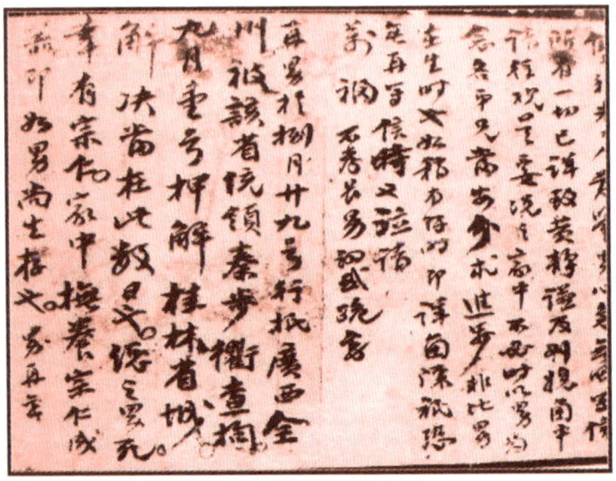

蒋翊武在桂林狱中写下了致双亲的家书和四首《绝命诗》。图为蒋翊武遗书

年豪气今何在？如此江山怒不平！嗟我寂冤终无了，空余虏剑作寒鸣。”“斩断尘根感晚秋，中原无主倍增愁！是谁支得江山住？只余有哀逐水流。”

1913 年 9 月 9 日下午 4 时，桂林丽泽门外刑场，蒋翊武向围观群众做生命中最后的演讲。他讲革命大义，讲民族危亡。群众闻之失声痛哭，执刑士兵凝神静听，为之动容，迟迟不忍动手。行刑官见状惊惧不安，偷偷从背后开枪。蒋翊武从容就义，时年不足 29 岁。

1921 年，孙中山桂林督师北伐，令建蒋公纪念碑，在嘱胡汉民撰写的碑文中，作出“辛亥武昌发难，以公功为冠”的高度评价，并亲笔题写“开国元勋蒋翊武先生就义处”几个大字刻于碑上。蒋翊武一生虽短暂却璀璨，他心忧天下的爱国襟怀、敢为人先的革命勇气、经世致用的务实作风、坚持真理的崇高操守、光明磊落的人格魅力、大义凛然的牺牲精神，在百余年后的今天，仍然有着丰厚的时代价值。

黄兴
兴我中华

在华夏大地满目疮痍时，他投笔从戎，创立国内第一个以“复兴中华”为目标的革命团体，并和孙中山共建中国近代第一个革命政党中国同盟会；辛亥“十次革命”，他“无役不从”，枪林弹雨中身先士卒，成为两指致残的“八指将军”……“无公则无民国，有史必有斯人。”他，就是辛亥革命元勋、和孙中山并称“开国二杰”的黄兴。

黄兴（1874—1916），本名黄轸，字克强，湖南省长沙县人。1900年赴日本东京考察学务。不久，八国联军侵华，因愤于国势危亡，立志救亡图存，于8月初提前回国。1902年，他又被选送赴日本东京宏文学院学习，其间与蔡锷、杨笃生、樊锥等人以吸取西学、唤醒国人为宗旨，创办了《游学译编》，组织了湖南编译社，大量翻译西方和日本的社会政治学说，推进了中国早期翻译事业的发展。

1903年，沙俄拒不从东北撤军，黄兴在日本积极参加发起拒俄运动。同年6月，他学成回到上海，改名为黄兴，意为以“兴我中华”为己任。1904 年创立华兴会，被推举为会长，担负起组织群众、发动起义的重任。同年策划长沙起义，后因事泄失败而避走日本。

1905 年，黄兴在日本结识孙中山，与孙中山等发起创立中国同盟会，随后即将主要精力放在发展革命分子、组织武装起义上。黄兴在东京吸收秋瑾、王用宾等 44 人入会，和孙中山一起为建立各省分会共同努力，同时还吸收一批军事骨干，组成“丈夫团”，将华兴会所创办的《二十世纪之支那》改为《民报》，作为同盟会的机关报，与保皇派展开了激烈论战，有力地播扬了革命思想。1906 年，他策划萍、浏、醴起义。1907—1910 年，他又奔走于南方各省，策划了一系列武装反清起义。

1911 年 1 月 18 日，黄兴返抵香港，主持广州起义（黄花岗之役）筹备工作。他致绝笔书于孙中山及南洋同志说：“本日驰赴阵地，誓身先士卒，努力杀贼。书此以当绝笔。”广州起义虽以失败告终，但在全国起到了极大的革命激励作用。

武昌起义爆发后，黄兴立即赶赴武汉，作为革命军总司令率民军在汉口、汉阳前线与清军奋战 20 余日。在阳夏之役中，与清军激战相持一个月，备极艰辛，功绩卓著，为各省独立赢得了宝贵时间。汉阳失陷后，黄兴辞职赴沪，策划北伐，筹组中央临时政府。

1912 年 1 月，南京临时政府成立，黄兴任陆军部长兼参谋总长。1913 年，国民党代理理事长宋教仁被暗杀，孙中山兴师讨袁，“二次革命”爆发。同年7月14日，黄兴就任江苏讨袁军总司令，失败后流亡日本。1914年7月，黄兴抵达美国，宣传讨袁并养病。其间，黄兴发起抵制袁世凯向美国政府借款的运动，对美国政府中止与袁世凯的代表接洽借款条件产生了一定影响。他还在美国展开筹款工作，在给国内友人的信中写道：“关于此间筹款等事，弟能力所及者，当尽力为之，冀为公等之助。华侨筹款已经发起，当嘱其随集随汇。”1915年，袁世凯妄图复辟帝制，黄兴积极联合全国反袁力量共同讨袁护国。1916年6月，袁世凯病死，黎元洪继任总统，黄兴于7月8日返回上海，积极参与各项善后活动。遗憾的是，由于长期为革命事业奔波，积劳成疾，10月10日黄兴因胃出血入院，10月31日不幸逝世于上海，时年42岁。黄兴去世后，孙中山亲自主持治丧活动。次年4月15日，国葬黄兴于长沙岳麓山。

黄兴一生为“振兴中华，克制强权”而奋斗，风云叱咤、波澜跌宕，且始终秉持“笃实”“无我”立身处世的道德风范，他的功勋不会被遗忘，他的精神和品德更将长留人间。

蔡锷
护国元勋

1915年，一位将军面向滇军战士泣血致辞，号召发起护国战争："吾人以一隅而抗全局，明知无望，然与其屈膝而生，毋宁断头而死。此次举义，所争者非胜利，乃四万万众之人格也。"这位将军就是在政治上和军事上才华横溢、毕生致力于救国救民的蔡锷。

蔡锷（1882—1916），原名艮寅，字松坡，湖南省邵阳市人。我国近代伟大的爱国主义者，著名政治家、军事家、民主革命家。

蔡锷13岁中秀才，15岁入湖南时务学堂，17岁赴日留学。1900年，蔡锷回国参加唐才常发动的自立军起义，起义失败后，复返日本，改名为锷，入成城学校习军事，立志流血救国。1904年冬，他毕业于日本陆军士官学校，与蒋百里、张孝准并称"中国士官三杰"。

归国后，蔡锷先后在江西、湖南、广西、云南编练新军，整军经武，培养军事人才，为反清革命殚精竭虑。1911年10月武昌起义爆发后，他在云南积极响应，发动和领导了昆明新军“重九起义”，一举推翻了清王朝在云南的统治，并被推举为云南军政府都督。督滇期间，蔡锷在维护云南及其周边地区统一和稳定的同时，领导军政府在政治、经济、军事、文化、教育等方面实行了一系列具有民主革命性质的改革，对推进云南经济社会的近代化产生了重大而深远的影响。

1915 年，袁世凯复辟帝制，蔡锷为“四万万人争人格”，救国于危难，毅然与唐继尧、李烈钧等在云南举义，兴兵讨袁，并抱病亲任护国军第一军总司令，率兵赴川南与袁军顽强作战，最终迫使帝制取消，共和恢复。蔡锷也以再造共和之殊功被誉为护国元勋。

护国战争结束后，蔡锷任四川督军兼省长，致力治川，但因喉疾加剧，赴日就医。1916 年 11 月 8 日，蔡锷病逝于福冈医科

蔡锷（居中者）与家人合影

大学医院，年仅34岁。次年4月12日，被国葬于长沙岳麓山。孙中山为蔡锷撰写挽联：“平生慷慨班都护；万里间关马伏波。”梁启超沉痛悼念说：“蔡公松坡，功在社稷，民不能忘。”朱德评价说：“民国再造，帝制铲除，推厥之勋，当以邵阳蔡公为最。”

蔡锷的一生短暂而辉煌。他年少求学时忧国忧民、奋发图强；编练新军期间整军经武，为革命殚精竭虑；出任一省都督后，在风云变幻的政治舞台上始终坚持国家统一和民族团结的原则。他既继承了勤奋、俭朴、清廉、淡泊的传统美德，又深受近代民主思想浸染，倾力捍卫民主与法治，不惜献出生命。蔡锷崇高的思想品德和爱国精神，必将激励我们为实现中华民族的伟大复兴而不懈奋斗。

蒋先云

黄埔奇才

他是学生运动的领袖、工人运动的斗士；他是黄埔军校第一期的高才生，位列“黄埔三杰”之首；他是国共桥梁，亦是北伐骁将；他既算毛泽东的得意门生，又是蒋介石钟爱的学生……他就是革命英烈蒋先云，他的一生短暂而悲壮，极具传奇色彩。

蒋先云（1902—1927），字湘耘，号巫山，湖南省永州市新田县人。中国共产党早期的优秀党员和革命烈士、无产阶级革命家、工人运动领袖、军事将领。

1917 年，蒋先云考入衡阳湖南省立第三师范学校。1919 年，参加五四运动，在衡阳成立湘南学生联合会，被选为总干事。1921 年，蒋先云等发起成立进步团体“心社”，宣传新文化。不久加入中国社会主义青年团，同年冬加入中国共产党，是毛泽东在衡阳建党时最早发展入党的党员之一。

1922 年夏，蒋先云赴江西安源开展工人运动，在工人夜校教书并参与筹建工人俱乐部，出任俱乐部文书股股长，和李立三、刘少奇等一起领导了安源工人大罢工。同年11月奉命到水口山矿区建立党的组织和工人俱乐部，12月领导了水口山矿工的大罢工，并取得胜利。

1924年5月，在毛泽东等的推荐下，蒋先云入黄埔军校第一期学习，任中共黄埔军校特别支部书记。时任黄埔军校政治部主任周恩来赞其是“军校的高才生”“是个将才”；时任军校党代表廖仲恺评价其为“军中最可造就的人才”。军校毕业后，蒋先云留校任蒋介石的秘书。

1925年，在周恩来的领导下，蒋先云发起成立中国青年军人联合会，并成为该会负责人之一。同年他参加东征讨伐陈炯明和平定滇桂军阀杨希闵、刘震寰叛乱；8月任国民革命军第一军第三师第七团党代表，不久率部参加第二次东征。

1926年3月“中山舰事件”后，蒋先云退出国民党及第一军。

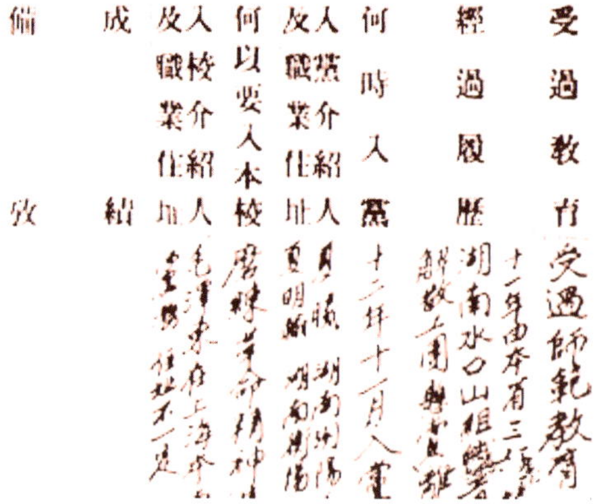
受過教育
受過師範教育
經過履歷
湖南水口山
何時入黨
十二年十一月入黨
入黨介紹人及職業住址
夏明翰 湖南衡陽
何以要入本校
入校介紹人及職業住址
毛澤東
成績
備考

蒋先云在黄埔军校的档案

北伐战争开始后，受党组织派遣任北伐军总司令部秘书兼补充团第五团团长，参加了攻打九江、南昌等战役。

1927 年初，蒋介石反革命阴谋日益暴露，蒋先云毅然赴武汉任湖北省总工会工人纠察总队队长，倡议成立黄埔学生反蒋委员会。同年 5 月武汉国民政府决定继续北伐，蒋先云被任命为国民革命军第十一军二十六师七十七团团长兼党代表，率部北上河南，5 月 28 日在攻克临颍城的战斗中英勇牺牲。

蒋先云牺牲后，周恩来在武昌亲自主持召开追悼会。恽代英致悼词，号召“踏着蒋先云的道路前进”。罗章龙撰写悼诗：“东南北战斗犹艰，战士升腾武胜关。千古悲风临颍路，中原忍见将星残。”当时的中共中央机关刊物《向导》刊登了题为《悼蒋先云同志》的悼词。国民革命政府追赠其为中将军衔。徐向前称蒋先云“斗争坚决，作战勇敢，头脑敏捷，堪称青年军人的榜样”，并亲自为他题词：“蒋先云烈士永垂不朽。”郭沫若在蒋先云牺牲后曾撰文《蒋先云的诗》，在文中他这样说：“先云战死了，但他的精神是从此不死了。我本来想做一篇文章来纪念他，但我觉得我们有时间性的文章不足以纪念超时间性的烈士。足以纪念烈士的，只有他自己生前的行动，生前的言论。”

雷晋乾
湘南农民运动的先驱

“青年人不要做无病呻吟的人，对社会应该作一番贡献。”“中国不是少数军阀的，而是每一个中国人的。少数军阀可以把中国弄得稀糟，我们就有责任把他整顿好。”面对军阀频繁交战、国内民不聊生，雷晋乾掷地有声的话语，体现了那个年代青年人的责任与担当。而“民国十六年，有个雷晋乾，城头办农协，农民掌大权……”这首流传在烈士家乡的祁阳民歌也体现了人们对他的无限敬仰和深深怀念。

雷晋乾（1898—1927），字伯第，号醒顽，湖南省永州市祁阳县人。中国共产党早期党员、中共祁阳县特别支部创始人。

1914年，雷晋乾进祁阳塔边高小学习，1918年以优异成绩考入衡阳湖南省立第三师范学校。1919年，在五四运动的影响下，他与进步同学蒋先云、黄静源一起积极投身湘南反帝爱国运动，参与组织了“马氏（马克思）学说研究会”和衡阳文化书社。

1921年3月，雷晋乾会同18名同学在衡阳省立第三师范学校成立进步学生组织“心社”，研究马克思学说。不久“心社”发展到30人，并按照毛泽东的意见，成员全部转为中国社会主义青年团团员。

1922 年冬，雷晋乾加入中国共产党。1923 年，受党组织派遣，赴安源、水口山等地开展工人运动。同年秋，他被中共湘区委员会派往衡山县白果乡，策划筹建了中共在湖南的第一个农会组织——岳北农工会。同年 11 月，农工会遭到军阀赵恒惕镇压，雷晋乾被捕入狱。经党组织多方营救，于 1924 年 2 月出狱。后他又担任衡阳青年团地委书记，着手恢复湘南学联的工作。

1925 年秋，雷晋乾和毛泽民、夏明震一起由中共湘区委员会介绍到广州农民运动讲习所学习。其间，他以个人身份加入了国民党。同年底，被中共湘区委员会和国民党湖南省党部任命为农民运动特派员，派回祁阳，发展党的组织，领导农民运动。

1926 年 1 月，中共祁阳特别支部在县立一高成立，雷晋乾任支部书记；8 月，当选为国民党祁阳县党部农工委员；10 月，当选为祁阳县农协委员长；12 月，在长沙参加湖南省第一次工农代表大会，向大会报告祁阳农民运动的情况。

1927 年 1 月，雷晋乾任祁阳县农民自卫军总队长，同时组织成立了祁阳县惩治土豪劣绅特别法庭，处决了一批罪大恶极的土豪劣绅。在雷晋乾等共产党人的推动下，祁阳县农民运动蓬勃发展。

1927 年 5 月 21 日，反动军官许克祥在长沙发动马日事变，大肆屠杀共产党人和革命群众。同年 5 月 28 日，因叛徒出卖，雷晋乾不幸被捕。面对敌人的威逼恫吓，他大义凛然、斩钉截铁地说："革命者从参加革命的那一天起，就将自己的整个生命交给了革命事业，何惧赴难。我虽一死，革命后继有人。倒是你们，今天当了刽子手，成为人民的败类，将会蒙羞万代，遗臭万年，那才是生不如死呢！"6月9日，雷晋乾英勇就义，时年29岁。

雷晋乾为民族独立与解放奉献了自己短暂的一生。1951年10月，原湖南省农民运动特派员、中共祁阳特别支部第二任书记王首道在悼念大革命时期祁阳被害战友的挽词中写道："雷晋乾、蒋毓华等同志是1925年至1927年大革命运动中祁阳人民爱戴的革命英雄，他们尽忠人民解放事业的光辉业绩与坚持革命真理临死不屈的牺牲精神，永垂不朽！"

田波扬　陈昌甫
慷慨就义的革命伉俪

1927年6月6日凌晨，天阴沉得厉害，时任共青团湖南省委书记的田波扬和妻子陈昌甫与马日事变中被捕的4位同志一起被押往长沙郊外的刑场。临刑前，敌人问田波扬还有什么要说的，他往心爱的妻子身边靠了靠，大喊“打倒国民党新军阀”“中国共产党万岁”…… 那一年，田波扬23岁，陈昌甫22岁且怀有5个月的身孕。

田波扬（1904—1927），湖南省浏阳市人，湖南青年学生运动领导人、革命烈士。早年在长沙读书期间，田波扬结识了郭亮、夏曦、夏明翰等进步青年，1921年加入中国社会主义青年团，1923年5月加入中国共产党。

此后，田波扬相继被推举为湖南长沙湘区团委学委委员、湖南省学联总务委员、全国学联常务委员，参与领导和组织湖南长沙等地的学生运动。1925年夏考入中国大学（原名“国民大学”），1926年3月退学回到长沙，以教师身份作掩护，组织工农群众和青年学生支援北伐战争。

1926年6月起，田波扬先后任共青团湖南省委宣传部长、团省委书记。1927年，到武汉出席中共五大，他在会上发言支持毛泽东、蔡和森、瞿秋白等人的正确意见，批评右倾机会主义错误，主张反抗国民党新军阀的屠杀政策。

陈昌甫（1905—1927），湖南省浏阳市人。1921年与田波扬结婚。1923年到长沙求学，不久加入中国社会主义青年团，1926年加入中国共产党。1927年春任共青团湖南省委联络员，协助田波扬工作。他们夫妇被誉为“生活的亲密伴侣，工作的革命同志，斗争的真挚战友”。

1927年5月21日，国民党反动军官许克祥叛变革命，制造了马日事变，湖南陷入白色恐怖中。为反抗国民党新军阀的大屠杀，田波扬不顾个人安危，在中共五大结束后即从武汉返回长沙，组织开展反抗斗争。

5月30日晚，由于叛徒告密，田波扬、陈昌甫等8位同志被捕。敌人对田波扬施以酷刑，将竹签扎进他的十指，用木杠压断他的双腿，要他自首和说出党的秘密。面对七天七夜死去活来的摧残折磨，田波扬始终威武不屈:“头可断，血可流，此志不可移！”“我走的道路是光明正大的，不需要悔悟！”

敌人又拷打、折磨陈昌甫，妄图以夫妻之情和生死离别威胁、动摇他们，要她代替田波扬在自首书上签字。陈昌甫大义凛然地拒绝敌人：“我可以代替他死，但决不代替他叛党。共产党人是杀不绝的，血债一定要偿还！”

田波扬和陈昌甫这对年轻的革命夫妻在生死考验中表现出共产党员为革命、为理想视死如归的浩然正气。1927 年 6 月 6 日凌晨，残暴的敌人枪杀了这对年轻的革命夫妻。田波扬与陈昌甫英勇就义后，中共湖南临时省委的同志和他们的亲属冒着极大危险将他们的遗体运回浏阳，安葬在英烈家乡北盛镇一处山清水秀的小山冲里。

匈牙利诗人裴多菲曾说："生命诚可贵，爱情价更高。若为自由故，二者皆可抛。"田波扬和陈昌甫为了自由，为了革命的理想和信念，相知、相爱、相许、相依，走过了短暂的一生。他们以高尚的人格和年轻的生命为注，震撼着黑暗的时代，奏响了黎明的序曲。

郭　亮
爱国岂能怕挂头

"湘水荡荡不尽流，多少血泪多少仇？雪耻需倾洞庭水，爱国岂能怕挂头！"1916年，年仅15岁的郭亮在长沙街头看见被杀害后还高挂示众的革命党人的头颅，悲愤之际写下这首诗。12年后，郭亮被国民党当局杀害，残忍的敌人割下他的头颅，挂起来示众，企图吓退人民革命。鲁迅得知此事后，愤然挥笔写道："革命被头挂退的事是很少有的！"郭亮，以挂头的形式，最后传达了他的革命精神！

郭亮（1901—1928），又名靖嘉，湖南省长沙市望城区人，中共中央候补委员、中共湖南省委书记、工人运动领袖。郭亮是毛泽东的战友，毛泽东在延安谈起郭亮时，赞扬他是"有名的工人运动的组织者"。

1916年，郭亮在长沙长郡联立中学学习。1920年秋，考入湖南省立第一师范。毛泽东当时在一师附小担任主事，郭亮经常去向他求教。经毛泽东介绍，郭亮加入新民学会，不久加入中国社会主义青年团。1921年，郭亮由毛泽东介绍加入中国共产党。

入党后，郭亮主要从事工人运动，先后任湖南省工团联合会副总干事、总干事，湖南省总工会委员长，中共湖南省委委员、省委工运部长，成为著名的工人运动领袖。

1922 年 8 月，郭亮被派到湖南岳阳从事铁路工人运动，组织工人成立粤汉铁路岳州工人俱乐部。同年 9 月，为抗议铁路当局虐待工人，他带头卧轨，发起了震撼全国的粤汉铁路工人大罢工。

1927 年 5 月，郭亮在中共第五次全国代表大会上当选为中央候补委员。不久，任中共湖南省委代理书记。大革命失败后，郭亮到贺龙的第二十军做政治工作，随部队参加了南昌起义。1928 年 1 月，郭亮任中共湘鄂赣边特委书记，到岳阳组织武装起义。他在岳阳化名李材，开了家“李记煤栈”作为特委机关，又开了一处饭铺做地下秘密交通站，恢复和发展党组织，发动工农开展武装斗争。由于他的努力工作，湘鄂赣三省边界的党组织得到恢复和发展。

1928 年 3 月 27 日，由于叛徒告密，郭亮在岳阳被捕，于第

郭亮故居

二天被押送长沙，29日被秘密杀害于长沙司门口前坪，年仅27岁。郭亮被害前，给妻子李灿英写了一封遗书："望善抚吾儿，以继余志！"表现了他对革命必胜的信心。

郭亮被害后，国民党反动派割下他的头颅挂起来示众，企图把革命浪潮吓退。然而，正如鲁迅说的："革命被头挂退的事是很少有的！"中国共产党人并没被吓倒，他们揩干净身上的血迹，掩埋好同志的尸首，又继续战斗了！郭亮的英名和事功在全国流传开来，当时的中共中央理论刊物《布尔什维克》发表文章称："郭亮是湖南职工运动的开创者。江西之安源、湖南之水口山、长沙，横亘湘鄂赣三省之粤汉、株萍两路，这些地方工人及其他产业职业工人，都是在他的直接和间接指导下而组织而斗争的。"

夏明翰
就义感召“后来人”

“砍头不要紧，只要主义真。杀了夏明翰，还有后来人！”这是夏明翰在生命最后时刻写下的气壮山河的就义诗。这首诗，饱含着他对党、对同志，还有那苦难深重的几万万同胞的无限深情和对革命必胜的坚定信念。今天，夏明翰烈士离开我们已经90多年了，他为之牺牲的祖国发生了翻天覆地的变化，而其精神历久弥新，感召和激励着一代又一代“后来人”。

夏明翰（1900—1928），字桂根，湖南省衡阳县人。夏明翰出生于父亲居官的湖北秭归，12岁时随家人回到家乡衡阳。少年夏明翰贴近劳苦大众，表现出对外国列强的强烈不满。有一次，他和母亲途经汉口时，看到滔滔长江上悬挂外国国旗的船舰横冲直撞，心中无比愤慨，当即写下“国耻恨难消”的诗句。

1917年春，夏明翰违背祖父意愿，怀着“工业救国”梦想考入湖南省立第三甲种工业学校。1919年五四运动爆发，夏明翰和同学们走出校门，开展了一系列爱国运动。

1920年，夏明翰在长沙结识了毛泽东。1921年，经毛泽东、何叔衡介绍，夏明翰加入中国共产党。入党后，他在长沙从事工人运动，参与领导了人力车工人罢工斗争，代表人力车夫向当局严正表明“我们反加租，我们要活命”立场，领导工运取得胜利。

1924年，夏明翰担任中共湖南省委委员，负责农委工作。1926年2月，他到武汉任全国农民协会秘书长，兼任武汉中央农民运动讲习所秘书。1927年6月，回湖南任省委委员兼组织部长。同年7月，大革命失败后，他参与发动秋收起义。10月，湖南省委派他兼任平（江）浏（阳）特委书记，领导发动了平江农民暴动。

1928年1月，党组织决定调夏明翰到湖北省委担任领导工作。此时，女儿夏芸出生才两个月，夏明翰只能离妻别女独自前往武汉。临行前，他意识到此行凶多吉少，特意从街铺买来一颗红珠，赠予妻子郑家钧，并以诗明志：“我赠红珠如赠心，但愿君心似我心。善抚幼女继吾志，严峻考验不变心。”

1928年3月18日，由于叛徒出卖，夏明翰不幸被捕，20日清晨被押送刑场。行刑之前，敌人问夏明翰还有什么话要说，他大声道：“有，给我拿纸笔来！”随即他写下了那首传颂至今的就义诗。

年仅28岁的夏明翰壮烈牺牲后，谢觉哉等同志组织工人将他的遗体偷运出来，安葬在汉阳城外长江江畔的鹦鹉洲上。

“杀了夏明翰，还有后来人！”夏明翰牺牲后，他的弟弟夏明震、夏明霹，妹妹夏明衡，外甥邬依庄也先后为革命献出了年轻的生命。

诗如其人，一字千金。字字是血，笔笔是心！这首诗是他的性格，也是他的崇高信念！夏明翰不愧为“党员的模范”“人民的模范”。著名的诗人萧三后来回忆说：“夏明翰同志党性很纯洁，没有一点花招，扎扎实实，不说假话，要说他的性格、脾气，四句诗完全可以代表，是真心话，没有做作，很难得的就是他这言行一致。”2009年，夏明翰被评选为“100位为新中国成立作出突出贡献的英雄模范人物”。

罗亦农
中国共产党党员的楷模

身为富家少爷，却深深关注工人和农民的命运；演说极具鼓动性，一张大嘴曾号召数十万工人上街罢工。“入党不是来享福的，是来受苦的。”这是他对身边的同志经常说的话；“永别了，灵其有知将永远拥抱你，望你学我之所学，以慰我。”这是他留给妻子的遗言。他身为湖南湘潭人，却长眠在上海龙华革命烈士陵园。他，就是中国共产党早期领导人、上海工人三次武装起义的指挥者、被党中央誉为“中国共产党党员的楷模”的罗亦农。

罗亦农（1902—1928），原名罗善扬，字慎斋，湖南省湘潭县人，中国共产党早期领导人之一、工人运动领袖。1916年考入教会学堂益智学校学习。1919年夏到上海边工边读，通过《新青年》《劳动界》等进步杂志阅读了大量宣传马克思主义的文章和介绍新思想的书籍，并认识了陈独秀等人。

1920年，罗亦农进入上海中国共产党早期组织创办的“外国语学社”学习俄语，同年和张太雷、俞秀松等人组织并加入中国社会主义青年团。1921年，罗亦农与刘少奇、任弼时等同志一起赴莫斯科东方劳动者共产主义大学（简称莫斯科东方大学）

学习，同年冬加入中国共产党。

1925年3月，罗亦农回国，任中共中央广东临时委员会委员，后任中共广东区委宣传部长，参与组织和领导省港大罢工。同年10月，调北京任中共北方区委党校校长，12月起调任中共上海区（即江浙区）执委会书记，后兼任上海区执委会军事特别委员会书记。

1926年11月和1927年2月，罗亦农与赵世炎等人两次领导上海工人举行起义，均未成功。但罗亦农没有气馁，他积极参加中共中央和上海区委准备第三次武装起义的工作。1927年3月21日，他与陈独秀、周恩来、赵世炎等一道及时指挥发动上海工人总罢工，并随即转为武装起义，取得成功。同年3月22日，上海市工商学各界举行代表会议，选举19人组成上海临时市政府，罗亦农被选为临时市政府委员。

蒋介石发动“四一二”反革命政变后，罗亦农奉命调离上海，到武汉参加中共五大，并当选中央委员。1927年5月至9月，他先后任中共江西省委书记、湖北省委书记。在八七会议上，罗亦农被选为中共中央临时政治局委员，11月被选为中共中央政治局常委。他先后担任中共中央军事部代部长、中共中央组织部长、中共中央长江局书记等职，负责领导湖北、湖南、江西、四川、安徽、陕西等省的工农革命与党的工作。1927年底，他离开武汉前往上海中共中央机关工作。

为筹备召开中共六大，罗亦农冒着极大危险到湖南、湖北等地了解情况，在上海听取各地同志汇报情况，掌握大量第一手资料，为党制定全国革命斗争方针做准备。他还与瞿秋白一起拟写提交六大的《党纲草案》。

1928年4月15日，因叛徒出卖，罗亦农在上海英租界被捕。“慷慨登车去，相期一节全。残躯何足惜，大敌正当前。”这是罗亦农被捕后在狱中写下的绝命诗。同年4月21日，罗亦农在上海龙华从容就义。他把满腔热血献给了中国人民革命事业，在短短的26年人生里，塑造了中国共产党人的楷模形象。

1928年5月30日，中共中央发表《悼罗亦农同志》一文称：“罗亦农同志是中国无产阶级最热烈的领袖，中国共产党最英勇的战士。”并指出：“罗亦农同志的热烈的革命精神，可为中国共产党全党党员的楷模。”2002年，在罗亦农100周年诞辰座谈会上，胡锦涛称赞：“罗亦农是为民族独立和人民解放事业作出杰出贡献的革命先驱，是中国共产党早期的重要领导人之一，是杰出的无产阶级革命家、著名的工人运动领袖。”2009年，罗亦农被评为“100位为新中国成立作出突出贡献的英雄模范人物”。

向警予
中共第一女委员

1916年夏天，一名出身商贾之家的土家族少女回到家乡湖南溆浦，开办了当地第一所男女同校的新式学堂，并任校长。这位外表俊秀、性格直率的女校长上任做的第一件事就是要女生们放脚。这位发起了中国第一场女权运动的女子后来成长为中国共产党第一个女中央委员、中共中央第一任妇女部长，为妇女解放奋斗终生。她，就是向警予。

向警予（1895—1928），原名向俊贤，湖南省怀化市溆浦县人，中国共产党创始人及早期领导人之一。1912年，向警予以优异成绩考入湖南省立第一女子师范学校，两年后转入周南女校，并将名字改为向警予，表示对自我的时刻警醒。在学校，向警予认识了蔡畅，并通过她结识了蔡和森和毛泽东。

1916年夏，向警予从周南女校毕业，回溆浦创办了男女兼收的新型学校——溆浦女校，以“自治心，公共心”为校训，重视新思想的传播，尊重学生个性，反对“驰骤之若牛马”的奴化教育。

1919年秋，向警予参加了毛泽东、蔡和森等创办的革命团体新民学会。同年10月，与蔡畅等组织湖南女子留法勤工俭学会，成为湖南女界勤工俭学运动的先锋；12月，向警予与蔡和森一起赴法勤工俭学。她发奋学习马克思主义经典著作，积极参加工人运动实践，从一个激进民主主义者迅速成长为共产主义战士。她坚定地支持蔡和森的建党主张，积极参与建党工作。共同的理想信念使向警予和蔡和森产生了爱情。1920年，他们在法国蒙达尔纪举行了婚礼。

1921年回国。1922年，向警予加入中国共产党，开始领导中国最早的无产阶级妇女运动，在中国妇女解放运动史上作出了不可磨灭的贡献。1925年5月，她任中共中央妇女部主任，并增选为第四届中央委员和中央局委员。五卅惨案发生后，向警予领导上海妇女界参加了反帝爱国的五卅运动。

1925年10月，向警予赴莫斯科东方劳动者共产主义大学学习。1927年回国后，在中共汉口市委宣传部和市总工会宣传部工作。大革命失败后，党的大部分领导同志先后转移，向警予主动要求留在武汉，坚持地下斗争。有的同志考虑到她在社会上的影响力很大，在白色恐怖笼罩下的武汉太危险，劝她离开武汉到上海去。然而，向警予却坚持道："武汉三镇是我党重要的据点，许多重要负责同志牺牲了，我一离开，就是说我党在武汉失败了，这是对敌人的示弱，我决不能离开！"

1928年3月20日，由于叛徒出卖，向警予不幸在汉口法租界被捕。敌人对她严刑逼供，但她始终坚贞不屈，严守党的秘密，表现出共产党人的浩然正气和崇高品格。国民党军阀决定在5月1日这个全世界工人阶级的节日杀害她。向警予视死如归，在走向刑场的路上，她还向广大群众进行演讲。敌人极端恐惧，往她嘴里塞石头，又用皮带缚住她的双颊，沿途群众看了都忍不住落泪。向警予牺牲时，年仅33岁。

蔡和森惊闻此讯，写下《向警予同志传》表达无限痛惜和深深怀念之情。他在文中写道："伟大的警予，英勇的警予，你没有死，你永远没有死！你不是和森个人的爱人，你是中国无产阶级永远的爱人！"

1939年在延安纪念三八妇女节大会上，毛泽东在讲话中高度评价了向警予的一生。他说："要学习大革命时代牺牲了的模范妇女领袖、女共产党员向警予。她为妇女解放、为劳动大众解放、为共产主义事业奋斗了一生。"2009年，向警予被评为"100位为新中国成立作出突出贡献的英雄模范人物"。

王尔琢
工农红军优秀指挥员

他是骁勇善战、才华横溢的一代战将，他牺牲时是中国最年轻的工农红军军参谋长。他曾慨然明誓："革命不成功，不刮胡子，不理发。"为此，他被众人笑称是"中国马克思"。1928 年，一腔热血的王尔琢被叛徒杀害。朱德闻此噩耗，挥泪长叹："我军失去一位能将啊！"

王尔琢（1903—1928），湖南省常德市石门县人，中国工农红军优秀指挥员。14 岁入官桥国民小学读书。1920 年 7 月考入湖南高等工业学校附设中学，在读书期间立志"实业救国"。后来，他目睹了劳苦工农的贫困和统治阶级的腐朽，放弃了"实业救国"的理想，确立了要实现劳苦大众的解放，必须实行革命的思想。1924 年 4 月，王尔琢考入黄埔军校第一期，并于同年在周恩来的培养下加入中国共产党。

1926 年夏，王尔琢参加北伐战争，先后任国民革命军第三军第三师党代表、东路军先遣军党代表兼政治部主任和第二十六团团长，屡立战功。

1927 年春，王尔琢率部向上海挺进，他坚定拒绝了国民党的高官许诺，带领部分共产党员一同出走。同年 8 月 1 日，王尔琢参加南昌起义，任起义部队第十一军第二十五师第七十四团参谋长。在战斗中，他率领敢死队冒着枪林弹雨一口气冲进敌人的指挥部，成为冲锋陷阵的英雄之一。

1928 年 1 月，朱德、陈毅等在中共湘南特委的配合下发动湘南起义。王尔琢先后参与指挥，在岩泉墟和坪石一带全歼敌许克祥部两个团，并攻克郴县、资兴、永兴、耒阳等县城。同年 3 月，在敖山庙设伏，诱敌入瓮，全歼追敌一个团，胜利完成了掩护朱德、陈毅率主力上井冈山的任务。同年 4 月，王尔琢随部上井冈山，开始参与创建井冈山革命根据地的斗争。

井冈会师之后，王尔琢任中国工农红军第四军参谋长兼第二十八团团长，协助毛泽东、朱德指挥五斗江、草市坳和龙源口等战斗。二十八团英勇作战，粉碎了湘赣两省国民党军的“会剿”，为保卫和发展井冈山革命根据地作出了重大贡献，赢得了“飞兵二十八团”的称号，王尔琢也被称为“飞兵团长”。

1928 年 7 月 29 日，红进攻郴州，被敌军团团围住。在这危急关头，王尔琢冒着杀头危军险抗拒命令，将部队撤至桂东县，避免了更大的损失。

就在红军重返井冈山的途中，红二十八团 2 营营长袁崇全煽动部分官兵叛变革命，率队逃走。面对这一复杂的斗争形势，王尔琢念及袁崇全与自己是同窗以及上下级的情谊，决定率部把队伍追回。没想到就在王尔琢向大家喊话的时候，罪恶的子弹向他射来。王尔琢当场牺牲，时年25岁。

噩耗传来，毛泽东对他做了极高的评价：“王尔琢的牺牲，换回了两个连，稳定了红军，挽救了革命。”并为他起草一副挽联：“一哭尔琢，二哭尔琢，尔琢今已矣，留却重任谁承受？生为阶级，死为阶级，阶级后如何？得到胜利方始休！”朱德挥泪长叹：“我军失去一位能将啊！”2009年，王尔琢被评为“100位为新中国成立作出突出贡献的英雄模范人物”。

贺锦斋
吾将吾身交吾党

“（男）马桑树儿搭灯台，写封的书信与姐带，郎去当兵姐在家哟，我三五两年不得来，你个儿移花别处栽。/（女）马桑树儿搭灯台，写封的书信与郎带，你一年不来我一年等哟，你两年不来我两年挨，钥匙不到锁不开。”

这首家喻户晓的湖南桑植民歌《马桑树儿搭灯台》唱响大江南北。这首歌的歌词是年轻的红军师长贺锦斋改写的，他和妻子戴桂香一起用生命的传奇演绎了这首动人的山歌。

贺锦斋（1901—1928），原名文绣，乳名春生，湖南省张家界市桑植县人。湘鄂边革命武装创建人，贺龙的堂弟。在革命生涯中，贺锦斋常常用诗歌来抒发革命豪情，歌颂共产党和人民群众的英雄业绩，揭露反动派的残暴罪行，赢得了“上马战斗下马诗”的美誉。

“黑夜茫茫风雨狂，跟随常兄赴疆场。流血身死何所惧，刀剑丛中斩豺狼。”贺锦斋对贺龙两把菜刀闹革命、组织讨伐袁世凯的护国军的壮举十分景仰，也义无反顾地选择了枪林弹雨的革命生涯。1919 年，新婚不久的贺锦斋作诗辞别妻子，参加了贺龙的部队。

贺锦斋在北伐战争中指挥部队屡战屡胜，很快被委以重任。1926 年 5 月，贺龙率部从贵州铜仁出发响应北伐，直捣常德。作为国民革命军第九军第一师团长，贺锦斋率先攻克澧县县城，生擒了敌城防司令。贺龙部队继续北进时在湖北公安与敌遭遇，激战中第一旅旅长贺敦武阵亡，贺锦斋临危受命，代理旅长，率敢死队冲入敌阵，大败敌军。同年 11 月中旬，屡立战功的贺锦斋被任命为第一旅旅长。后他出奇兵迅速攻克宜昌，消灭了吴佩孚的一个师，成为名震一方的北伐名将。

南昌起义中，贺锦斋主攻敌第五路军总指挥部。他身先士卒，置生死于度外，冒着敌军的猛烈炮火冲锋，占领了制高点鼓楼，然后一边居高临下用火力压制敌军，一边协同迂回到敌背后的友军进行前后夹击。经过 3 小时的殊死战斗，贺锦斋部全歼守敌，取得了南昌起义中的决定性胜利。

在随起义部队南征途中，贺锦斋光荣地加入了中国共产党。1928 年 2 月，贺锦斋随贺龙、周逸群等回到家乡建立革命武装和根据地。这一年，他将传唱已久的山歌《马桑树儿搭灯台》歌词改写，让妻子戴桂香教群众传唱。这首山歌唱出了革命者无所畏惧的斗志，唱出了桑植人坚贞不渝的爱情，激励了更多湘西子弟投身血与火的革命斗争中。

“吾将吾身交吾党，眼前大敌狰狞甚，难能菽水再承欢！誓为人民灭豺狼。”1928 年 7 月，贺锦斋先后出任新组建的中共湘西前敌委员会委员和湘鄂边工农革命军第四军第十一师师长。同年 8 月底，他随贺龙挥师东下，抵达石门漯阳开展土地革命。同年 9 月初，红四军遭到敌第十四军教导师李云杰部及多股团防的包围袭击。9 月 9 日拂晓，在石门泥沙镇战斗中，贺锦斋主动请求掩护主力突围，率警卫营和手枪连奋勇冲杀。在战斗中，贺锦斋不幸壮烈牺牲，年仅 27 岁，实践了“吾将吾身交吾党”“誓为人民灭豺狼”的钢铁誓言。

为了纪念贺锦斋烈士，中共桑植县委于 1963 年特地将他的遗骨迁回洪家关安葬，并在烈士墓前竖起一块石碑，碑上刻下诗文：“澧源歌，霞光早已照大地。浪淘沙，革命巨浪比天高。”

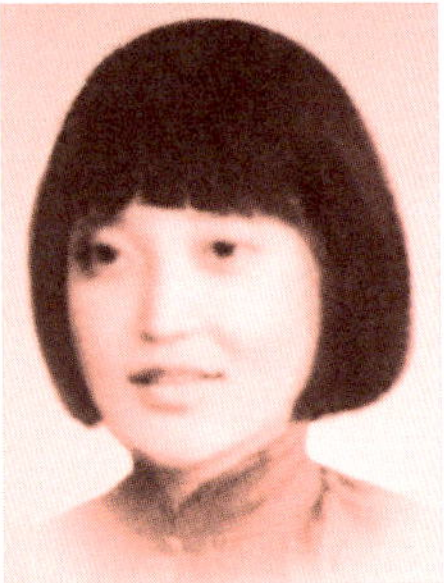

陈觉 赵云霄
伉俪遗书感天地

“云霄我的爱妻：这是我给你的最后的信了，我即日便要处死了，你已有身（孕），不可因我死而过于悲伤。……你也迟早不免于死，我已请求父亲把我俩合葬。以前我们都不相信有鬼，现在则唯愿有鬼……”

“启明我的小宝贝：启明是我们在牢中生了你的时候为你起的名字……小宝宝！我很明白的（地）告诉你，你的父母是共产党员，且到俄国读过书……”

这是两封血泪遗书。一封是就义前丈夫写给妻子的诀别信，另一封是妻子写给刚出生女儿的遗书。两封遗书的作者陈觉和赵云霄是一对年轻的革命伉俪，他们先后被捕，就义于湖南长沙。

陈觉（1903—1928），原名陈炳祥，湖南省醴陵市人。15岁那年，陈觉以优异的成绩考入醴陵县立中学。在进步教师的影响下，他经常阅读《向导》《新青年》等革命刊物，1925年加入中国共产党。赵云霄（1906—1929），原名赵凤培，河北省保定市阜平县人，1925年加入中国共产党。

1925年，陈觉、赵云霄前往莫斯科中山大学学习。学习期间，二人相识、相知、相爱，结为夫妻。在简朴的婚礼上，他们宣誓以革命事业为共同的奋斗目标，相约为革命奉献一生。

1927年，陈觉、赵云霄一起回国参加革命。1928年春，作为湖南省委特派员，陈觉参与指挥中共湘东特委和醴陵县委组织的“醴陵年关暴动”。由于当地各级党组织遭到严重破坏，陈觉夫妇被迫离开醴陵，回到省委机关工作。之后，陈觉被派往常德组织湘西特委，已有身孕的赵云霄则留在省委机关负责各地联络工作。

1928 年 4 月，由于叛徒告密，陈觉、赵云霄分别在常德、长沙被敌人逮捕，关押在长沙陆军监狱。面对反动当局的威逼利诱、严刑拷打，陈觉夫妇宁死不屈。多次审讯未果，反动当局以“策划暴动，图谋不轨”的罪名判处他们死刑。

就义前，在给爱妻的诀别信中，陈觉写道：“云！谁无父母，谁无儿女，谁无情人，我们正是为了救助全中国人民的父母和妻儿，所以牺牲了自己的一切。我们虽然是死了，但我们的遗志自有未死的同志来完成。”1928 年 10 月 14 日，陈觉在长沙牺牲。

4 个月后，赵云霄在狱中诞下一名女婴，取名启明，意为在黑暗中盼望破晓。生下启明仅仅一个多月，赵云霄就和女儿永别了。她在给女儿的遗书中写道：“小宝宝！我很明白的（地）告诉你，你的父母是共产党员……我不能抚育你长大，希望你长大时好好读书，且要知道你的父母是怎样死的……望你好好长大成人，且好好读书，才不辜负你父母的期望。”1929 年 3 月 26 日，在给襁褓中的女儿喂过最后一口奶后，赵云霄毅然走上刑场，牺牲时年仅 23 岁。

现在，陈觉和赵云霄的两封遗书并排陈列在中国人民解放军军事博物馆的展柜中，参观者看到后无不深受感动，同时也从中获得精神上的巨大启迪和激励。

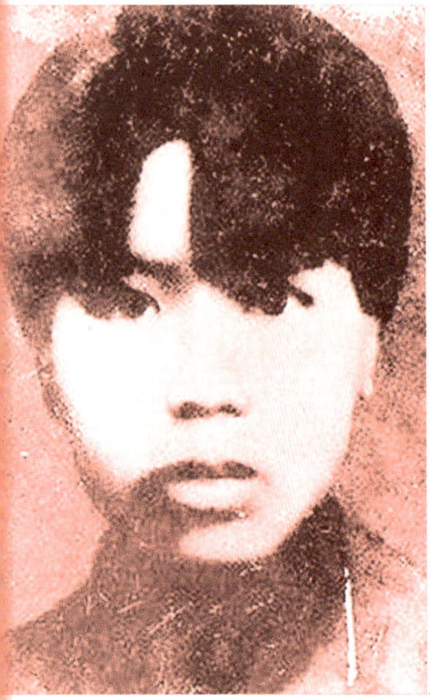

毛泽建
傲霜秋菊女英豪

“出生入死闯险关，革命火种撒南湘。夫妻碧血染云霞，一代女杰留芬芳。”这是在湖南韶山这片红色的热土上广为流传的一首诗歌，歌颂的是这片土地上英勇的女共产党员毛泽建。

毛泽建（1905—1929），湖南省韶山市人，毛泽东堂妹。因为毛泽建出生时正好是菊花盛开的季节，所以她的父母就叫她“菊妹子”。六七岁的时候，菊妹子被过继给毛泽东的父母做女儿。

1921年春，毛泽建跟随毛泽东到长沙，进入崇实女子职业学校和长沙自修大学补习学校学习。她白天刻苦学习，晚上坚持到夜校听课，还经常向同学们宣传革命道理，积极参加毛泽东领导的各种革命活动。1921年，毛泽建加入中国社会主义青年团，1923年加入中国共产党，并于同年秋考入衡阳省立第三女子师范学校，担任学生党支部书记。在校期间，毛泽建改名毛达湘。她一面学习，一面从事学生运动，常常与同学深入乡村调查，宣传救国救民的道理。1926年夏，毛泽建到衡阳县任县妇运委员，投身于农民运动，创办了神皇山乡农民协会。因为每次革命斗争都冲在最前，她被人们称为“女先锋”。在革命斗争中，毛泽建认识了湖南耒阳人陈芬。陈芬同样是共产党人，还是湘南学联的负责人，两人互生好感。1925年底，毛泽建与陈芬完婚。1926年夏，毛泽建受党指派与陈芬在湖南衡阳开展农民运动。1927年5月马日事变后，毛泽建组建衡北游击师，发动群众开展游击斗争，陈芬任中共衡阳县委书记，毛泽建任妇运委员。

1928年3月，毛泽建和陈芬领导南岳武装暴动，随即转战耒阳，参加朱德、陈毅领导的湘南暴动。同年4月，暴动部队开赴井冈山，毛泽建留在耒阳担任游击队长，继续领导游击斗争。在5月初的夏塘铺战斗中，毛泽建不幸被捕，随后被井冈山的部队救出。不料敌人前堵后追，部队受困，为掩护部队安全转移，毛泽建坚持留在最后，不幸再度被捕。敌人把毛泽建从耒阳押到衡阳，后又押到衡山，使用封官许愿和酷刑拷打等种种方法想从毛泽建身上获得党的重要机密和军事行动计划。面对敌人毒刑拷问，毛泽建始终大义凛然、坚贞不屈，表现了一个共产党员的崇高革命气节。在狱中，她写下了“誓死为党”“革命一定会胜利”等血书表达自己对中国共产党的赤胆忠诚。

毛泽建烈士陵园

1929年8月20日，毛泽建高呼“中国共产党万岁”等口号，英勇就义于湖南衡山马庙坪，年仅24岁。毛泽建牺牲后，国民党反动派下令3天内不准收殓尸体。衡山的革命群众冒着生命危险，在游击队的带领下暗中将烈士的遗体安葬在衡山县城南湘江岸畔的西溪桥头。半年后，又将毛泽建烈士墓迁移到附近金紫峰的雷打石山上，并刻石碑为记：“民国十八年刊，毛达湘女士墓，原籍湘潭人氏。”对毛泽建之死，毛泽东十分痛惜，他说：“菊妹子的牺牲很可惜，她是个好同志。”

颜昌颐
军委委员热血谱春秋

“国步日艰难，生民似倒悬。青年应有责，破旧换新天。”颜昌颐青年时代的这首诗，是他立志为国家、为民族、为大众牺牲的铮铮誓言。颜昌颐是这样说的，也是这样做的。他曾经参与筹组中央军事部（后改称中央军委）的工作、参加南昌起义、建设海陆丰苏维埃政权，在革命工作中舍生忘我、殚精竭虑，直到因叛徒出卖被捕牺牲。他用生命热血践行了自己永恒的誓言。

颜昌颐（1898—1929），字夔甫，又名国宾，湖南省常德市安乡县人，无产阶级革命家。颜昌颐幼年时随父读诗习文，1917年入长沙明德中学，不久当选为学生会负责人。他勉励自己“立大志，将来为社会办好事”，并以诗言志：“国步日艰难，生民似倒悬。青年应有责，破旧换新天。”1919年12月，颜昌颐赴法国勤工俭学，寻求真理，与蔡和森、张昆弟、李维汉、李富春等结为挚友，加入勤工俭学励进会（后改名工学世界社），是重要骨干之一。1921年9月，在法国参加中国勤工俭学学生抗议华法教育会中断救济金而进驻里昂中法大学的斗争，于年底被强令遣送回国。1922年初在上海经邓中夏、陈为人介绍加入中国共产党。1924年9月，他受党组织派遣前往莫斯科东方大学学习军事。1925年8月，由于新建的黄埔军校急需一批军事干部，中共中央决定让叶挺、聂荣臻、王一飞与颜昌颐回国。1925年9月，颜昌颐回到上海，参与筹组中央军事部（后改称中央军委），为共产党及其军队的迅速发展壮大作出了宝贵的贡献。1926年，颜昌颐担任中共湖南区委军事部部长，领导军事部组织工农武装，支持北伐军在湖南战场的胜利进军。1926年9月，他被调回中央军委，协助周恩来和赵世炎的工作，参加组织和指挥了上海工人的3次武装起义。

大革命失败后，颜昌颐随周恩来领导的中共中央军事部来到武汉。1927年7月，中共中央作出举行南昌起义的决定，聂荣臻、贺昌、颜昌颐组成临时前敌军委，到江西九江向当地驻军中的共产党员传达中央决定，策应起义。南昌起义后，颜昌颐任起义军第十一军第二十四师党代表。同年10月，起义军主力在广东潮汕一带遭到敌人围攻，突围失败，董朗和颜昌颐等集合第二十四师余部1000余人艰苦转战在广东东江地区，后参加彭湃领导的海陆丰武装起义，为建立和发展海陆丰苏维埃政权作出了贡献。

新生的红色政权成立后，海丰、陆丰建起了兵工厂、红军被服厂、红军医院等设施，还成立了县级土地委员会，进行土地改革。仅仅3个月，海丰县80%的农民分配到了田地。海陆丰苏维埃政权的存在和发展引起了国民党军阀的极大恐惧，于是纠集重兵对海陆丰苏区发动了大规模“围剿”。颜昌颐和彭湃等指挥红军战士和人民群众与敌人进行了浴血奋战,终因敌我力量悬殊而失利。在 1928 年 3 月和 5 月，颜昌颐先后在战场上两度身负重伤，不得已去香港养伤。

1928 年 11 月，颜昌颐回到上海，担任中央军委委员兼江苏省军委委员、江苏省军委秘书，协助彭湃工作。1929 年 8 月 24 日，颜昌颐和彭湃、杨殷、邢士贞等在上海新闻路经远里 12 号开会，因叛徒告密被捕。面对敌人高官厚禄的引诱和严刑拷打的折磨，颜昌颐的革命意志和革命精神丝毫没有动摇。同年 8 月 30 日，四位烈士在上海龙华英勇就义。

1929 年 9 月 30 日，中共中央机关报《红旗日报》发表《颜昌颐同志事略》，介绍烈士生平。1930 年 8 月 30 日，周恩来在《红旗日报》上撰文说：“彭、杨、颜、邢四烈士的牺牲是中国革命、中国党之很大的损失！”他们“英勇的战绩，却永远光明地纪念在每一个人的心中，永远不会湮灭”。

缪伯英
第一个女共产党员

“既以身许党，应为党的事业牺牲，奈何我因病行将逝世，未能战死沙场，真是憾事！孟雄，你要坚决斗争，直到胜利……”这是缪伯英在病危时对丈夫何孟雄的深情嘱托。缪伯英的生命虽然只有短短30个春秋，但她却用生命书写了中国共产党第一位女党员无悔而壮丽的青春。

缪伯英（1899—1929），湖南省长沙县人，中国共产党第一个女党员。缪伯英的父亲缪芸可曾在湖南省教育司供职，致力于“教育救国”，尤重妇女教育，参加创办过好几所中小学校和女子职业学校。在父亲的教育和影响下，缪伯英从小喜欢读书，并于1919年7月以长沙地区考分第一名的成绩考入北京女子高等师范学校学习。

到北京不久，缪伯英就结识了在北京大学学习的何孟雄。在何孟雄的介绍下，缪伯英经常去北大聆听李大钊的课。1920年3月，在李大钊的倡导下，北京大学进步学生邓中夏、何孟雄、高君宇等19人发起成立北京大学马克思学说研究会，缪伯英加入该会。同年11月，缪伯英加入由李大钊组织的北京共产党早期组织，成为中国共产党的第一个女党员。

入党之后，缪伯英一直战斗在工人运动、妇女运动和学生运动的第一线，在白色恐怖下夜以继日地为党工作。1921年8月，缪伯英与何孟雄结婚。婚后，他们一面读书，一面从事革命运动，被称为一对“英”“雄”夫妇。

1923年2月，震惊全国的京汉铁路工人大罢工爆发，担任中共北方区委妇女部部长的缪伯英与何孟雄、高君宇、罗章龙、李梅羹等人全力以赴领导京汉铁路北段的总罢工。为了揭露军阀政府残害工人的暴行，缪伯英与几个同志秘密在北京骑河楼编印《京汉工人流血记》等宣传品散发，还到长辛店等地组织救护受伤的工人，募捐援助失业工人的家属。她不辞辛劳四处奔走，在革命的熔炉中锻炼得更加成熟。

1925年1月，缪伯英、何孟雄夫妇来到长沙。不久，何孟雄返回北方，指导京绥铁路的工人运动，缪伯英则仍留在长沙，开展湖南妇女工作。她指导和发动群众运动，成立了女子宣传队、女子纠察队和女子募捐队，奔走于大街小巷、车站码头，组织游行示威。她作为妇女界代表参与领导了驱逐军阀赵恒惕、迎接北伐军入湘的斗争。后来北伐军与吴佩孚部激烈交战时，缪伯英亲率湖南学生慰劳队、红十字救护队和女子宣传队赴前线慰问，救护北伐军伤兵，发动群众响应国民革命。

1927年10月，党组织调何孟雄、缪伯英到上海工作。此时的上海被白色恐怖笼罩，缪伯英不忘身上的重担，千方百计开展革命工作，本来就不好的身体被拖垮了。

1929年10月，缪伯英突发伤寒住进了医院，因抢救无效辞世，告别了她未竟的事业，抛下了一双儿女。缪伯英病逝后，何孟雄将她装殓入棺，灵柩寄存在扬州会馆。令人扼腕的是，1931年2月，何孟雄被国民党反动派杀害于上海龙华刑场，缪伯英的灵柩和一双儿女遂不知所终。

缪伯英去世时不到30岁。她短暂的一生充满了革命者昂扬的活力，她的精神如晨光熹微，蕴无尽芬芳、无尽美好。

何昆
血染苏中沃土

有这样一支中央序列红军，它在南京国民党中央政府卧榻之侧横戈跃马，驰骋苏中八县，历经大小战斗近百次，在游击区内开展轰轰烈烈的土地革命，其艰苦卓绝的武装斗争威震大江南北，影响深远。它就是1930年初组建的中国工农红军第十四军。它的军长经历传奇、英勇奋斗，为了人民的利益隐姓埋名干革命，直到壮烈牺牲。这个人就是张爱萍将军永远怀念的战友何昆。

何昆（1898—1930），原名何德晟，化名李维森，湖南省郴州市永兴县人，中国工农红军第十四军创建人之一。何昆幼时读过私塾，学过武艺。1925年入黄埔军校学习，在校期间加入中国共产党。1926年“中山舰事件”后离校，先后到三水、武汉、广州等地进行革命活动。

1927年12月，何昆参加广州起义，带领战士冲锋在前。起义失败后，在黄沙火车站被捕。他凭借习武基础，带领部分难友逃出关押场所，潜回永兴老家短暂停留。当时正值朱德、陈毅领导发动湘南起义，永兴革命斗争风起云涌。何昆向广大群众宣传革命思想，帮助地方党组织训练工农武装，同时动员妻子曹已花剪发放足，为村里妇女做榜样。在白色恐怖的严峻形势下，妻子抱着不满周岁的女儿含泪劝何昆暂时躲避一下风声。他向妻子解释说："我在外面跑，是为了让穷苦人以后不再当牛做马呀！"不久，他奉命到上海等地从事秘密革命工作。

1929 年冬，何昆调任中共江苏（南）通海（门）特委委员，参与领导改编当地游击队和整顿农民武装，指挥游击队先后取得卢家庄、四甲坝、四扬坝等战斗的胜利，有力地推动了该地区游击战争的开展。

1930 年春，受周恩来委派，何昆赴通海如泰地区组建中国工农红军第十四军。为了建设一支坚强有力的正规部队，何昆和李超时、刘瑞龙等四处奔走，将分散于各地的游击队员组织起来，统一编制为两个支队（后改为师），刘廷杰、秦超、黄火青、陈雪生、仇建中、张爱萍等分别担任支队和大队（营）领导。何昆组建红十四军军部后，立即着手强化红十四军军事建设：一是加强党的领导，明确红十四军接受中央军委、中共江苏省委和通海特委的领导，执行土地革命、武装斗争和反对国民党反动统治的政治任务，在红十四军中建立各级党组织，设立政治委员制度，建立政治机构；二是明确红军任务，规定红军执行"打仗、做群众工作、筹款"三大任务；三是掀起练兵热潮，带领红军战士操练；四是加强地方赤卫队建设，集中所有的散枪和梭镖，仿照江西赤卫队的编队形式，合理配置人员和武器，以便灵活地进行军事行动。经过严格整顿、训练，这支队伍在政治上、组织上和军事素质上都得到了加强。

随着如泰游击区与通海游击区的发展，两个游击区之间大地主张符秋盘踞的老户（虎）庄严重地影响了两个游击区之间的联系。1930 年 4 月 16 日，何昆率第二支队及赤卫队在夜色的掩护下分三路向老户庄发起进攻。战斗进行中，一颗子弹飞来，何昆胸部中弹，因伤势太重不幸牺牲，年仅 32 岁。

何昆牺牲后，张爱萍曾写下一首《怀念何昆军长》："通如靖泰义揭竿，工农武装掌政权。老户庄头争战烈，亲举机枪率当先。无情弹丸玉山倾，一腔碧血泪雨连。庆功酒酣酒亦苦，报捷声频声愈黯。何期长诀铭心底，丹心永昭苏北原。"以表达对这位红军军长的无尽怀念。

陈毅安
死于革命　死得光荣

鸿雁传书寄相思。陈毅安先后给妻子李志强写过54封家书，最后一封是1931年3月发自上海的。该信信封上是陈毅安的亲笔，信封里却只装着两页素白的信纸，没有任何文字。陈毅安曾对妻子说："如果有一天，你收到一封没有字的信，就表示我已经牺牲了。"一封无字家书，兑现了共产党员陈毅安在党旗下许下的铮铮誓言："随时准备为党和人民牺牲一切。"

陈毅安（1905—1930），又名陈斌，湖南省岳阳市湘阴县人。1920年考入湖南省立第一甲种工业学校。1922年加入中国社会主义青年团，后经毛泽东推荐于1924年加入中国共产党。他积极从事学生、工人运动，如抵制日货、到汉阳兵工厂组织工人罢工及阻拦帝国主义国家的船只停靠长沙码头等。

1925年底至1926年10月，陈毅安受党组织派遣入黄埔军校第四期深造。1926年10月至1927年9月，先后任国民革命军教导师第三团第3营第7连连长兼党代表、国民革命军第二方面军总指挥部警卫团辎重队队长兼供给部主任，参加北伐。

1927 年，陈毅安参加了秋收起义，后随部队到井冈山，任工农革命军第一师第一团连长、营长，参加创建井冈山革命根据地的斗争。1928 年 8 月，红军主力离开井冈山去湘南，井冈山大本营留守兵力只有三十二团，湘赣敌军乘虚“会剿”。同年 8 月 27 日，陈毅安接到急报，带上两个连昼夜急行，次日下午赶到黄洋界。在黄洋界，陈毅安指挥部队击溃敌军三次进攻，取得了黄洋界保卫战的胜利，书写了以两个连击退敌人四个团的辉煌篇章。

1929 年 1 月，陈毅安在井冈山受伤后，回湘阴老家疗养并与李志强完婚。1930 年 6 月，陈毅安告别妻子，奉命任红三军团第八军第一纵队司令员，兼任攻打长沙战斗的前敌总指挥，协助彭德怀占领长沙全城。其间，陈毅安率红一纵队奉命打头阵。面临险重任务，他以坚毅的语气说：“军团信任我们，再硬的骨头也要啃！”占领长沙后，敌人进行反攻，为了掩护红军撤退，陈毅安于 1930 年 8 月 7 日不幸中弹牺牲，时年

陈毅安和妻子李志强合影

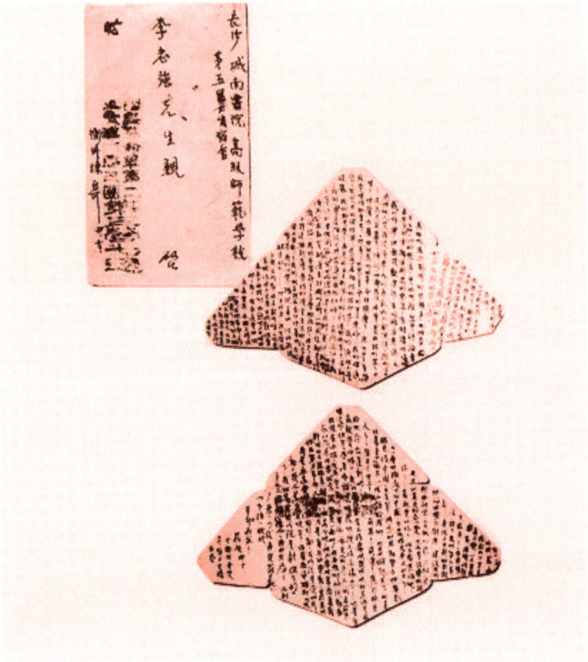

陈毅安写给妻子的信

25 岁。

中华人民共和国成立后，毛泽东签发了一批革命烈士证，陈毅安烈士证位列第九。1958 年，彭德怀亲笔为陈毅安题词："生为人民生的伟大，死于革命死得光荣！"

胡少海
从富家公子到红军名将

1928年7月15日，湖南宜章富绅胡泮藻在湖南《国民日报》刊登了一则"悬赏缉暴子"的启事："孽子占鳌……转呈各处上峰通缉在案，如获占鳌一名，自愿出花小洋五百圆。"父亲花巨资悬赏捉拿儿子，古今中外鲜有耳闻。富家子弟胡少海为了心中的信仰，为了更多人的幸福，舍小家为大家，走上了革命的道路。他的离经叛道，实际上是超越一家一族层面的更大的忠诚。

胡少海（1898—1930），原名振弼，湖南省郴州市宜章县人，中国工农红军高级指挥员。胡少海早年考入广东乐昌中学读书，接受进步思想，对其父兄勒索百姓、欺压外族的行径十分愤慨，毅然离开地主家庭，弃学从军。1921年，他参加嘉禾民军，后升至连长。1923年，所在部队被编为广州陆海军大元帅府直辖独立旅，任营长，参加了南征邓本殷、东征陈炯明的战斗。1926年，任国民革命军第六军营长、团长，参加了北伐战争攻克武昌等战役。

1927年大革命失败后，胡少海联络一批湘南籍士兵潜入湘粤边界活动，与共产党员高静山等人取得联系，使队伍成为共产党

宜章年关暴动指挥部旧址

领导下的一支红色武装力量。1928 年 1 月，得知朱德、陈毅率领南昌起义的队伍转战到粤北，胡少海立即赴乳源杨家寨子与朱、陈会面，共同商议暴动计划。随即受朱德派遣，以国民革命军第十六军四十七师一四〇团副团长的名义，率两个连开进宜章县城，取得了“智取宜章”的胜利。进入宜章后，起义部队进行改编，“中国工农革命军第一师”正式成立，朱德任师长，陈毅任党代表。参加暴动的宜章县农军则暂编为赤卫队，由胡少海负责指挥。在这期间，胡少海回家耐心地向父亲宣传土地革命的道理，讲解共产党的主张和苏维埃政府的政策，极力规劝父亲“退田、退地、退债券契约”。其父胡泮藻虽然十分愤怒，但对儿子却无可奈何。后来，胡少海的四哥和六弟找到他，劝他脱离革命，回家继承祖业过安逸少爷的生活。胡少海果断地对他们说：“世道既是不公平，我老五就要跟着共产党去扫平！你们回去告诉父亲，我是革命的人，这个家，我是不会要了！”在此期间，胡少海加入中国共产党，任工农革命军第一师三团团长、第三师师长。胡少海指挥所部取得了长冈岭、大黄家村等战斗的胜利。1928年5月，随朱德、陈毅到井冈山，任中国工农红军第四军第二十九团团长、中共湘赣边界特委委员，参加了开辟井冈山革命根据地的斗争。1929年，随红四军出击赣南、闽西，任第二纵队司令员、第四纵队司令员，参加了大柏地、长汀和三战龙岩等战斗。同年12月参加了古田会议。

1930年6月，胡少海在闽西任红二十一军军长，率部在龙岩东北地区肃清反动武装和土匪，巩固了苏维埃政权。同年8月，在漳平永福圩侦察敌情时不幸壮烈牺牲，时年32岁。

一代传奇战将，就这样意外陨落了。朱德和陈毅听到这个不幸的消息后扼腕痛哭，亲自撰写挽联纪念这位大公无私的名将。

罗学瓒
活跃的农民运动领导人

罗学瓒是毛泽东的同窗挚友，又同为新民学会的首批会员之一，他们自少年时代就一起“立志在匡时，欲为国之英”，后来又一同走上了革命道路。1930年8月，罗学瓒在杭州被国民党秘密杀害，谢觉哉为他题诗：“高瞻远瞩天下小，出生入死一边站。”

罗学瓒（1894—1930），湖南省湘潭县马家河（今属株洲市）人。1912年，他考入湖南省立第四师范学校，后该校并入湖南省立第一师范学校，与毛泽东成为同班同学。因志向相同，很快与毛泽东、蔡和森等进步同学结为挚友，常在一起探讨救国救民的真理。1918年4月加入新民学会，并成为骨干。

1919年7月，罗学瓒赴法国勤工俭学。1920年1月，和李维汉等组织了勤工俭学励进会，学习马克思主义。因参加革命活动，他于1921年10月被法国政府强行遣送回国。同年底回到上海后加入中国共产党。

1922年秋，罗学瓒回到长沙，先后在人力车夫工会、湖南省工团联合会从事工人运动。1923年任湖南外交后援会文书主任、青年救国团主席，积极参加反帝爱国运动。在此期间，还在毛泽东创办的自修大学附设的补习学校以及湘江中学任教。中共湘区委员会改为湖南区委后任区委宣传部部长，并以省特派员的身份视察、指导农民运动。

1925年秋，罗学瓒任中共湖南省醴陵县县委书记。他发展党团员，在各区建立党支部，开展同国民党左派的统一战线工作。1927年春，毛泽东到醴陵考察农民运动，罗学瓒陪同对全县各地农民运动进行了实地考察。

大革命失败后，罗学瓒坚持斗争，受党中央委派，与夏明翰共同负责湖南省委组织部的工作。1927年9月任中共湖南省委委员兼湘潭工委书记。1928年5月被调到上海工作，后被派往山东做党的工作并在山东齐鲁大学任教。1929年被派往杭州，参加中共浙江省委的领导工作，先后任省委宣传部长、省委书记。

1929年4月30日，罗学瓒在杭州市弼教坊取回省委的一批绝密文件时，敌人跟踪而至，不幸被捕。罗学瓒被国民党浙江省政府的侦缉队关押后，敌人对他施以“老虎凳”、压杠子、皮鞭抽打、烙铁烫等酷刑，但他严守党的纪律，决不吐露党的机密。侦缉队无奈，只得将他转押到警察局。这时，因叛徒出卖，罗学瓒省委书记身份暴露。不久，敌人将罗学瓒等人转到陆军监狱关押。

1930年8月27日凌晨，陆军监狱开始狱中大屠杀。罗学瓒知道自己的时间到了，他从容地穿好衣服，视死如归。他说："死，有什么可怕，革命者只要死得其所。大家不要难过，继续努力，为共产主义革命奋斗到底！"说罢，与狱中战友一一握手告别，昂首走向刑场，英勇就义时年仅36岁。

罗学瓒是活跃的农民运动领导人，他与工农大众始终保持密切的联系。被捕后，他在狱中坚强不屈，与敌人顽强斗争，表现出视死如归的高贵品格，体现了对党和革命事业的忠诚。

杨开慧
牺牲我小，成功我大

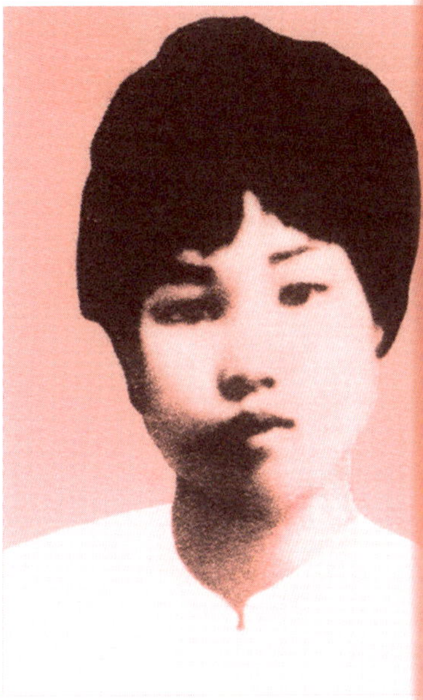

1930年11月，在长沙警备司令部，杨开慧几乎每天都被提去过堂。皮鞭木棍的毒打、压杠子、泼凉水……面对敌人的严刑拷打和只要她宣布退党及与毛泽东脱离夫妻关系即可重获自由的利诱，她大义凛然、坚强不屈，毅然回答："死不足惜，唯愿润之革命早日成功。"这就是一位伟大的女共产党员对党、对爱情的忠诚回答。

杨开慧（1901—1930），湖南省长沙县人。杨开慧的父亲杨昌济是一位思想进步的学者、教育家。1913年，杨昌济到湖南省立第一师范教书，杨开慧随父亲迁往长沙，并在这里认识了毛泽东。

1918年，杨昌济到北京大学任教，又举家北迁。这年9月，毛泽东因组织赴法勤工俭学也来到北京。在这期间，毛泽东和杨开慧有了更多的接触并开始相爱。

1920年初，杨昌济不幸病逝，杨开慧回到湖南长沙。同年8月，毛泽东在长沙成立文化书社，杨开慧予以资助并参与书社活动。1920年冬，杨开慧加入中国社会主义青年团，成为湖南第一批团员。就在这时，她和毛泽东在长沙举行了简朴的婚礼，结为革命伴侣。

1922 年，杨开慧加入中国共产党。同年，毛泽东在湖南建立中共湘区委员会，任区委书记，杨开慧负责区委的机要和交通联络工作，身兼秘书、机要、文印、联络、总务等多种职务，成为毛泽东的得力助手。

1923 年 4 月，毛泽东到上海党中央工作，杨开慧带着儿子毛岸英和毛岸青也来到上海，协助毛泽东开展工作，并同向警予一起组织女工夜校。

1925 年 2 月，杨开慧随毛泽东回到韶山开展农民运动，协助毛泽东创办农民夜校并担任教员。同年 12 月，杨开慧离开韶山转往广州协助毛泽东收集、整理资料，编写文稿，负责联络工作。

1927 年初，毛泽东对湖南农民运动进行考察，杨开慧将大量的调查资料进行分类整理，工整地抄写下来。

大革命失败后，毛泽东按照党的八七会议指示领导湘赣边界秋收起义，杨开慧带着 3 个孩子回到长沙板仓开展地下斗争。

1930 年 10 月，杨开慧被捕。敌人逼问毛泽东的去向，要她公开宣布与毛泽东脱离夫妻关系。杨开慧坚定地说："牺牲我小，成功我大。""要我和毛泽东脱离夫妻关系，除非海枯石烂！"

1930 年 11 月 14 日，杨开慧就义于长沙浏阳门外识字岭，年仅 29 岁。

毛泽东得知杨开慧牺牲的消息后，痛彻心扉。他在给杨家的信中说："开慧之死，百身莫赎。"1957年，毛泽东又在《蝶恋花·答李淑一》中，称杨开慧为"骄杨"，并释之曰："女子革命而丧其元，焉得不骄。"2009年，杨开慧被评为"100位为新中国成立作出突出贡献的英雄模范人物"。

潘心元
对革命至死不移

“我的头是钢铸铁浇的，对革命是至死不移的。”“革命不成功，我是誓不罢休的。”1927 年 5 月 21 日，马日事变发生，湖南笼罩在白色恐怖之中，面对反动派制造的腥风血雨，潘心元异常坚定地对妻子表明了心迹。3 年后，他因叛徒出卖，在浙江省玉环县被捕，英勇不屈，壮烈牺牲，践诺了对革命至死不移的誓言。

潘心元（1903—1930），又名潘心源，湖南省浏阳市人。潘心元自小思想活跃。1921 年夏，他考入长沙市岳云中学，与田波扬等同乡创办浏北新民社，出版《新民》社刊，宣传马克思主义思想。1923 年 6 月加入中国共产党。

1924 年底，中共湘区委员会派潘心元到浏阳，以小学教师身份作掩护开展革命工作，协助夏明翰建立浏阳第一个农村党支部。

1926 年 10 月，潘心元主持召开中共浏阳县第一次代表大会，建立中共浏阳县委，任书记。1927 年 2 月，他组织农民武装，建立浏阳工农义勇队，任党代表。同年四五月间，潘心元出席在武汉召开的中共五大，支持毛泽东等提出的武装工农的主张。

马日事变发生后，潘心元率领五千名浏阳等地农军参加围攻长沙的斗争。1927年9月参加湘赣边界秋收起义，出席了毛泽东在安源召开的秋收起义军事会议，被任命为工农革命军第三团党代表。在陪同毛泽东指挥秋收起义途中遇上国民党地方武装，他机智勇敢地掩护毛泽东脱险。

秋收起义部队上井冈山后，潘心元留在平江、浏阳、醴陵地区组建游击队，与平浏醴特委书记夏明翰一起组织开展游击斗争。1928年，潘心元任湘东特委副书记，带领游击队支持彭德怀等领导的平江起义。同年冬，任湖南省委委员、省委农民部长。

1929年，潘心元任中央巡视员，到湘赣红军中传达党的六大精神。1930年2月当选为红四、红五、红六军总前委常委，曾任红三军代理政委、红一方面军总前委委员，参加了红军第二次攻打长沙之战。其间，他多次往来于上海与中央苏区之间，传达党中央指示，向中央报告秋收起义和红军斗争的情况。

1930年8月，潘心元赴上海向中共中央汇报工作，提交了《巡视湘鄂赣三省红军之报告》。同年9月，由周恩来安排，潘心元赴浙南地区巡视党务工作和军事工作，同时任浙南红十三军政委。1930年12月，因叛徒出卖，潘心元在浙江省玉环县被捕，英勇不屈，壮烈牺牲，年仅27岁。

中共中央得知潘心元牺牲的消息后，向全党发出悼念文告，并在上海龙华殡仪馆为他举行了秘密的追悼会。1945年，在延安召开的党的第七次全国代表大会上，潘心元被追认为革命烈士。潘心元“革命不成功，誓不罢休”的精神永载英烈史册，他的名字和生平事迹先后载入《中国革命英名录》《红军将领传》等。

何孟雄
从容莫负少年头

“龙华千古仰高风，壮士身亡志未穷。墙外桃花墙里血，一般鲜艳一般红。”诗中的壮士，指的是1931年2月7日在上海龙华被国民党反动当局杀害的24位革命烈士。在这24位烈士中，就有炎陵人民的好儿子——何孟雄。

何孟雄（1898—1931），湖南省株洲市炎陵县人，中国共产党创始人之一、北方工人运动领袖、无产阶级革命家和政治活动家。早年在长沙求学期间，何孟雄就与毛泽东、蔡和森、邓中夏等交往密切，建立了深厚的革命友谊。1919年3月，何孟雄进入北京大学学习，受以《新青年》为代表的新思潮影响，积极投身五四爱国运动，成为北京大学学生运动的重要骨干。

1920年3月，在李大钊的指导和帮助下，何孟雄和邓中夏、罗章龙等人发起成立了中国第一个马克思主义学说研究团体——北京大学马克思学说研究会。同年11月，加入中国社会主义青年团和北京共产党早期组织。

1921年7月，中国共产党成立，何孟雄是全国最早的50余名党员之一；同年冬，当选中共北京地方执行委员会书记，同时任中国劳动组合书记部北方分部成员；1923年6月，出席在广州召开的中共第三次全国代表大会；1925年5月1日，任京绥铁路总工会秘书长；1926年5月，调任中共唐山地委书记；1927年4月，调到当时的革命中心武汉工作，任中共汉口市委组织部长。

在此期间，何孟雄作为北方党组织和工人运动的重要领导成员，参与发动和领导了京绥铁路、开滦煤矿、唐山铁路机车厂、正太铁路和京汉铁路工人大罢工等许多重大斗争。

大革命失败后，1927年9月，中共中央由武汉迁往上海，何孟雄也被调往上海，先后任中共江苏省委委员、淮安特委书记、江苏省委常委兼农民运动委员会书记、军事委员会书记等职，参与领导江苏各地党组织的恢复、发展工农运动和开展武装斗争。

1931年1月17日，因叛徒告密，何孟雄在上海被捕。在狱中，他保持了共产党员的坚定立场和崇高品格，宁死不屈，同敌人进行坚决斗争。

1931年2月7日，何孟雄与其他23位共产党员与革命者在上海龙华英勇就义，时年33岁。

24位烈士遇难后，中国共产党创办的《红旗日报》和《海光报》及时刊发了消息，谴责国民党反动派的暴行。鲁迅先生除写下《为了忘却的记念》这篇文章，还写下了“忍看朋辈成新鬼，怒向刀从觅小诗”的沉痛诗句，以作纪念。

延安整风时，毛泽东几次谈到何孟雄的高尚人格。1945 年 4 月 20 日，中共六届七中全会通过《关于若干历史问题的决议》，摘掉了王明路线强加在何孟雄头上的“右倾机会主义分子”等帽子，对他和他的战友们作出了公正的评价。

1950 年 5 月，根据中央人民政府内务部指示，上海市人民政府把何孟雄等 24 位烈士的遗骸移至龙华附近的大场公墓，并竖立了一块石碑，将他们的名字镌刻其上。

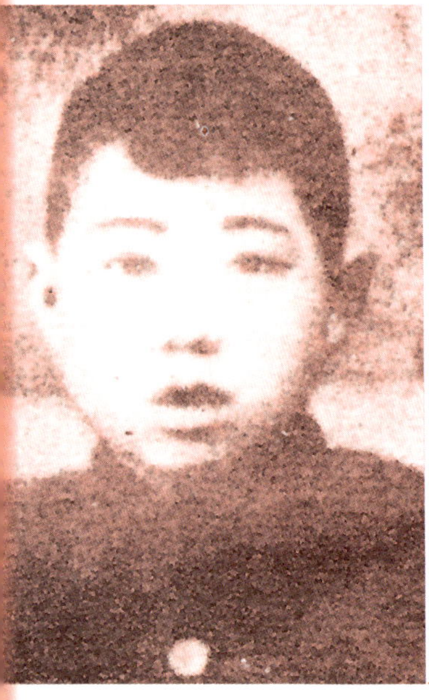

欧阳立安
英勇最年少

1931年1月，阴暗潮湿的龙华监狱里，一个面容仍带稚气的青年戴着重20余斤的镣铐，轻蔑地对敌人说：“我是共产党员，就是筋骨变成灰，也还是百分之百的共产主义者！我为共产主义、为人民而死，死而无怨！”这个青年就是龙华二十四烈士中最年轻的一位——欧阳立安。

欧阳立安（1914—1931），湖南省长沙市人。欧阳立安的父亲欧阳梅生是中国共产党早期党员，母亲陶承是“革命妈妈”，长期以“住家”为掩护从事党的地下工作，他从小受到革命思想的熏陶。

早在1925年，欧阳立安在长沙修业学校读书时，就积极参加宣传民族英雄等爱国思想运动。1926年，叶挺独立团占领长沙，他积极加入儿童纠察队，并担任队长。

大革命失败后，欧阳梅生积劳成疾，不幸逝世。欧阳立安被党组织送到武汉做工。他每天都要完成的一项重要任务，是把中共湖北省委的《大江报》分发到汉阳各地的联络点。当时环境恶劣，编报、印报、发报都是单线，为了安全，母亲每天把《大江报》和信件折成很小的长条，围在欧阳立安的腰间，用绳子捆结实，外面罩上黑棉衣，一次捆 8 张，分送到 8 个地方。欧阳立安出色地完成了党交给的任务。当时《大江报》的编辑谢觉哉称赞欧阳立安："勇敢机警，常常骗过敌人，真是一位少年斗士。"1929 年春，欧阳立安进入上海申新五厂做工，跟随中共上海沪中区委书记何孟雄从事工人运动，担任区委交通员。

1929 年冬，欧阳立安加入中国共产主义青年团，并担任共青团沪东区委委员。在此期间，他多次参加上海各界工人举行的抗议罢工、游行示威等活动。在斗争中，他毫不畏惧，勇往直前，经受了一次又一次严峻的考验。1930 年春，经何孟雄介绍，欧阳立安加入了中国共产党。

1930 年 6 月，欧阳立安作为中国青年工人代表，随刘少奇赴莫斯科参加赤色职工国际第五次代表大会的有关会议，并参加了苏联十月革命 13 周年纪念活动，他更加坚定了自己的政治信念。他说："今天的俄国是列宁的布尔什维克党领导工农打出来的。我们中国共产党也要领导工农打倒帝国主义，打倒封建主义，打出一个新中国。"

1930 年 11 月底，欧阳立安回国后，党组织任命他担任共青团江苏省委委员和上海总工会青工部长。

1931 年 1 月 17 日，欧阳立安参加中共江苏省委一次会议后，因叛徒出卖，被反动军警逮捕。面对凶残的敌人，面对酷刑的逼供，欧阳立安毫无惧色，视死如归，严守党的机密。他义正词严地说："中国革命一定会胜利，我是共产党员，就是筋骨变成灰，也还是百分之百的共产主义者！我为共产主义、为人民而死，死而无怨！"1931 年 2 月 7 日，欧阳立安在上海龙华英勇就义，年仅 17 岁。

热血滋养自由花，青春无悔勇担当。欧阳立安小小年纪却机智勇敢，心怀国家、人民，是中国革命史上的青年英雄。他的一生虽然短暂，但理想弥坚。他为真理、为革命、为国家、为人民的奉献精神，永远值得我们铭记。

蔡和森
革命“向导”

1920年8月13日，一封长信从法国寄出，收件人是毛泽东，寄件人是蔡和森。蔡和森在这封信中旗帜鲜明地提出了建党主张：“我以为先要组织党——共产党，因为他是革命运动的发动者、宣传者、先锋队、作战部……”但由于交通不便，这封信直到同年11月才送到毛泽东手上。蔡和森久未等到好友的回信，于9月16日又给毛泽东寄去一封6000多字的长信，并在信中提出了具体的建党步骤。毛泽东复信：“你这一封信见地极当，我没有一个字不赞同。”

蔡和森（1895—1931），湖南省娄底市双峰县人。中国共产党早期的重要领导人，杰出的共产主义战士，无产阶级革命家、理论家和宣传家。

13岁时，蔡和森到永丰蔡广祥辣酱店当学徒。1913年，蔡和森考入湖南省立第一师范学校学习，后与毛泽东成为同学，两人志同道合，开始了“恰同学少年”的新生活。当时湖南先进青年中称二人为“毛蔡”，并奉为表率：“和森是理论家，润芝是实践家。”杨昌济更是称赞他们：“二子海内人才，前程远大，君不言救国则已，救国必先重二子。”

在毛泽东、蔡和森周围，团结和凝聚了一批有志于改造社会的进步青年，他们相互激励，热情探索革命真理。经过充分酝酿和讨论，大家达成了共识，就是要“集合同志，创造新环境”，建立一个更严密的组织。1918年4月，蔡和森和毛泽东等人组织成立新民学会，后创办《湘江评论》。

为了解欧洲和俄国革命的真实情况，探寻中国革命的道路，1919年12月25日，蔡和森远赴法国勤工俭学。在法国，蔡和森“猛看猛译”上百种介绍马克思列宁主义和俄国革命的书籍。蔡和森认为，要救国救民，就要走俄国十月革命的道路，就必须建立一个革命政党。他两次致信毛泽东，一次致函陈独秀。在这些信函中，他第一次提出“明目张胆正式成立一个中国共产党”，第一次系统提出了建党理论和建党原则。毛泽东复信中说：“见地极当，我没有一个字不赞同。”

留法期间，蔡和森在勤工俭学的学生中宣传马克思主义，将一批先进分子引向崇尚马克思主义的方向；3次领导留法勤工俭学学生的革命斗争，成为杰出的学生运动领袖；与周恩来、赵世炎等同志一起筹组中国共产党旅欧早期组织，是法国支部的创始人之一。

1921年12月，回国不久的蔡和森加入中国共产党，并留在中央机关从事理论宣传工作。1922年7月，蔡和森在党的二大上当选为中央委员，负责党的宣传工作。同年9月，他主编党中央机关报《向导》周报，并是主要撰稿人。

1925年五卅运动爆发，蔡和森在其间展现出卓越的领导群众斗争的才能，并在斗争中成长为杰出的群众领袖。作为党的二届至六届的中央委员，五届、六届的中央政治局委员、常委，他又是党的早期历史的参与者和创造者。

1931年6月，因叛徒出卖，蔡和森被捕。在敌人的迫害下，他的生命定格在了36岁。

蔡和森是提出“明目张胆正式成立一个中国共产党”主张的建党先驱。他率先垂范，为革命呕心沥血、英勇奋斗，直至生命的最后一刻。他以自己的智慧、行动照亮积难深重、雾海茫茫的旧中国的星空，找到了救国救民的道路。毛泽东曾说：“一个共产党员应该做的，和森同志都做到了。”他的崇高精神和高尚品德将永远激励我们奋勇前进。

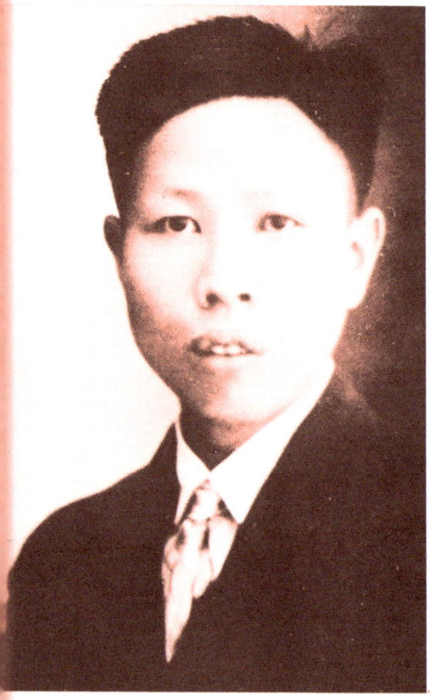

黄公略
“飞将军”

在20世纪二三十年代的中国，尤其在湘鄂赣苏区、中央苏区，“朱毛彭黄”的名字几乎无人不知、无人不晓，国内外媒体也常用这一称谓来代指他们统帅的工农红军。“朱毛彭黄”中的“黄”，就是黄公略。他能征善战，在党的指引下，短短半年就“闹红”了半个江西。“枪林逼，飞将军自重霄入。”“赣水那边红一角，偏师借重黄公略。”毛泽东的诗赞足见其对这位杰出的红军将领、军事家的信赖和倚重。

黄公略（1898—1931），原名汉魂，湖南省湘乡市人。红军将领、军事家、中国共产党早期领导人之一。1916年参加湘军，当过排长、连长。1926年参加北伐战争，在攻占武昌城等战斗中立有战功。同年底入黄埔军校高级班学习。1927年参加广州起义。同年加入中国共产党。

1928年7月，黄公略同彭德怀等领导平江起义，任中国工农红军第五军十三师四团党代表，后任红五军副军长，第二纵队司令员。同年11月红五军主力开赴井冈山后，他率部留在平江、浏阳一带发动群众，开展游击战争，创建湘鄂赣苏区。1929年9月，任红五军副军长，参与制定和指挥红五军向北开辟鄂东南地区，向南打通与湘赣苏区联系的作战行动，扩大了湘鄂赣苏区。

1930 年 1 月，黄公略调任红六军军长，率部在赣西南地区艰苦作战，发展革命武装，建立苏维埃政权，使分散的游击区连成大块的革命根据地。同年 7 月，任红一军团第三军军长。同年 8 月，在奇袭湖南浏阳文家市的战斗中，指挥红三军奋勇作战，歼灭国民党军三个团又一个营，取得红一军团成立后的第一个大捷。后来，在战醴陵、攻吉安的战斗中，红三军都发挥了重大作用。黄公略以其出色的军事才华和对革命的赤胆忠心在苏区军民中享有崇高威信，与朱德、毛泽东、彭德怀并称为“朱毛彭黄”。

在中央苏区第一至第三次反“围剿”中，黄公略坚决执行诱敌深入的战略方针，指挥红三军英勇作战，屡建战功——在龙冈战斗中击退敌军第十八师的连续进攻，在富田战斗中歼灭敌军第二十八师等部，在老营盘战斗中歼灭敌军第九师独立旅……

1931 年 9 月 15 日，黄公略率部参加方石岭追击战。在指挥部队转移途中，于江西吉安东固六渡坳遭敌机袭击，不幸中弹牺牲，时年 33 岁。为纪念黄公略，中华苏维埃共和国临时中央政府决定，在中央苏区设置公略县，将中国工农红军第二步兵学校命名为公略步兵学校。

“革命战争有功，游击战争有功，毕生何奋勇，好教后世继君来。”毛泽东撰写的挽联高度评价了黄公略的一生。作为中国工农红军和苏维埃运动的缔造者和组织者之一，黄公略忠实执行党的军事路线，在创建湘鄂赣革命根据地、中央革命根据地及历次反“围剿”斗争中屡建奇功。1994年，黄公略被中央军委评为中国人民解放军36位军事家之一；2009年，被评为“100位为新中国成立作出突出贡献的英雄模范人物”。他对党和人民无限忠诚，对共产主义事业矢志不渝。他实事求是、敢于坚持真理的坚强党性，敢挑重担、勇为前驱的革命精神将永存人间。

曾士峨
为大众之生息而战斗

1929年，时任红四军三纵队七支队队长的曾士峨率部在龙岩县龙门镇一带发动群众，发展革命武装。这天，他以"福建龙岩龙门三芝元药号"为址，寄出了一封家信。他此时不知道自己父亲已经去世，仍在信中向父亲请安："父亲大人膝下：敬禀者。……盼爹贵体康泰，哥嫂均安。迪勋离家四载有余，虽奔波南北，历尽千辛，然为大众之生息，常觉无形的快慰，精神爽奋……男无定所，勿劳赐复。"在转战四方，"无定所"的艰苦环境中，革命乐观主义精神以及立誓为革命事业献身的壮志豪情依然在他心中熊熊燃烧。

曾士峨（1904—1931），字迪勋，湖南省益阳市人。曾士峨出生于耕读之家，曾因经济困难辍学当南货店学徒。1923年入益阳信义大学，开始接受进步思想。1925年加入中国共产主义青年团。1926年转入中国共产党。同年参加了北伐战争，后入国民革命军第八军独立一师学生队。1927年1月底考入黄埔军校长沙三分校，同年6月入国民革命军第四集团军总司令部警卫团任连长，后转入中国共产党控制的第二方面军总指挥部警卫团任连长、指导员。

1927年9月，曾士峨随警卫团参加毛泽东领导的湘赣边界秋收起义，任工农革命军第一军第一师第一团第3营参谋长，三湾改编后任工农革命军（后称工农红军）第一师一团特务连连长，1928年5月任红四军三十一团参谋长兼3连连长，率部参加龙源口战斗、黄洋界保卫战等战斗，屡立战功，为井冈山革命根据地的创建、巩固和发展作出了重要贡献。1929年1月任三十一团1营营长，3月任红四军三纵队7支队队长，不久任三纵队参谋长。率部参加大柏地、长岭寨、白沙、三占龙岩、上杭等战斗，英勇作战，身先士卒。

1930年春，曾士峨任红四军第二纵队司令员，同年夏任红四军参谋长兼第二纵队司令员、红四军第十一师师长，1931年5月18日任第十一师师长兼政委。率部参加中央苏区第一、第二次反“围剿”。同年8月，在第三次反“围剿”作战中，率部参加莲塘、良村、黄陂战斗，取得重大战果。在高兴圩战斗中，他率部坚守竺高山阵地，与敌人展开顽强斗争。同年9月8日，当敌人向红四军指挥所逼近的危急时刻，他率领全师以党员和排以上干部为核心的敢死队冲向敌阵，壮烈牺牲，年仅27岁。

毛泽东得知曾士峨牺牲的消息后，痛惜不已。他说：“曾士峨同志的牺牲是英勇的，是重于泰山。他是在最关键的时候牺牲的。他亲自带部队冲锋，改变了战况。”朱德说：“曾士峨政治、军事都不错，指挥作战有胆有识。”

1931年9月，中央革命军事委员会总政治部兼红一方面军总政治部向全军发布通令，号召红军指战员“向曾士峨学习”。红军总部发通令号召向个人学习的，曾士峨是第一人。

李 灿
我要追求光明

1928年7月22日，平江城东门外天岳书院广场，艳阳高照，800多名勇士昂然而立。队伍前，国民党军独立第五师第一团士兵委员会总代表李灿朗声宣誓："从现在起，全体官兵脱离国民党，举行武装起义！"他带头取下大檐帽上的青天白日帽徽，系上红带。全体将士应声而动，喊声震天。平江起义的序幕正式拉开了。

李灿（1901—1932），原名李文彬，湖南省郴州市宜章县人，中国工农红军高级指挥员。1918年入湘军第二师六团1营2连当兵，编在彭德怀任班长的第2班。在军中，他教彭德怀识字，彭德怀教他操练，两人结成至交。后又与营部文书黄公略相识。三人志同道合，感情融洽，遂成好友。

李灿等人目睹旧部队的腐败风气，产生强烈不满情绪，便秘密串联7名士兵于1920年成立革命团体救贫会。李灿一心向往光明与正义，他在写给家里的信中说："我要追求光明，扫除邪恶，已将文彬之名改为灿。"其妻兄多次来信要其出任城步县田粮稽征员，他回复："不想发财，只愿扛七斤半（指步枪）。"

1922年，李灿入湖南陆军军官讲武堂学习。1926年任国民革命军第八军二师一团团部副官、连长。参加了北伐战争中的攻克武昌等战斗。他深信共产党得民心，坚定地说："现在是国民革命，将来是走共产党那条路！"

1928年4月，李灿加入中国共产党。7月参与平江起义的组织准备工作。起义当天，他以全团士兵委员会总代表的身份庄严宣布武装起义。

参加北伐战争、加入中国共产党、发动平江起义，李灿经历了一生中极其重要的阶段。他从一名旧军官转变为革命队伍的指挥员，开始了人生新的历程。

起义胜利后，起义部队2500余名将士被改编为红军第五军，李灿任中国工农红军第五军军委委员兼一团党代表、第五大队大队长。

同年底，李灿随红五军主力上井冈山。1929年初奉命留守井冈山，参加了保卫井冈山的战斗。后任湘赣边独立第一团团长、红五军第五纵队司令员。

1929年9月，李灿率部挺进鄂东南，攻取通山、阳新、大冶3县县城，率部所向披靡，半月之内共缴获迫击炮10余门、机枪30余挺、步枪1000多支。群众奔走相告，箪食壶浆以迎红军。革命队伍由1000多人增至4000多人，扩编为两个支队，初步打开了鄂东南武装割据的局面。同年12月，配合中共秘密组织发动大冶起义，红五纵队进一步发展到3个支队6000余人，军威大振。

1930年春，李灿率部转战在大冶至咸宁等地，连战告捷。同年6月，他奉命投入红三军团的筹建工作，被任命为红八军军长。

由于在作战中多次负伤，久病不愈，李灿的身体极度虚弱。1930年7月，组织上送他到上海治疗。1932年初，他出门请求中共中央分配工作，被国民党特务逮捕，不久被杀害，时年31岁。

从国民党旧军队到革命阵营，李灿一直积极追求进步，寻求革命真理，不断向着光明前行。从平江起义创建红五军到开辟鄂东南担任红八军军长，他逐渐成长为一名出色的军事将领。他对湘鄂赣苏区的形成和发展，作出了不可磨灭的贡献。

陈　奇

革命的道路可以断然走通

1928年3月底的一天，正值逢圩日。湖南桂东沙田镇戏台下，人山人海。毛泽东带着时任桂东县委书记陈奇和几个干部来到戏台前，要陈奇给戏台出副对联。陈奇思忖片刻，笑道："有了！旧的打它个落花流水；新的建设得灿烂光明！"毛泽东笑赞："好！不愧是个秀才，不过，依余之见，'旧的'改为'旧世界'，'新的'改为'新社会'更贴切。""旧世界打个落花流水，新社会建设灿烂光明。"这副对联至今尚存，见证了陈奇推翻旧世界、建设新社会的坚定信念。

陈奇（1904—1932），原名陈祖汉，字大可，号贯一、绍武，湖南省郴州市桂东县人。1921年入衡阳省立第三师范学校读书，积极参加爱国学生运动。1924年加入中国共产党后更是全身心地投入学运、工运，被推选为湖南学联的领导成员。

1925年五卅惨案发生后，陈奇和湖南学联的几个领导人一起发动衡阳市的学生举行罢课、游行示威，并向各县、市学生发出宣言，声援上海人民的正义斗争。同年秋，他进入广州农民运动讲习所学习。

1926年，陈奇被派回桂东组建中共桂东支部，任书记。1927

年，他以省委特派员身份领导桂东农民运动，组建农民自卫军，参加了毛泽东领导的湘赣边界秋收起义，任中国工农革命军第一师一团的连党代表。1928 年，任中共桂东县委书记兼县苏维埃政府主席、湘赣边区游击队大队长，参与开辟湘赣边游击根据地。

1929 年 4 月，陈奇任红五军第五纵队二大队党代表，8 月随军挺进鄂东南，12 月策应大冶起义。1930 年 6 月任红八军第四纵队司令员，7 月率部过长江，任行动委员会书记，统一指挥第四、五纵队，领导开辟蕲（春）黄（梅）广（济）革命根据地的斗争。同年 10 月任红十五军政治委员，奉命与军长蔡申熙率部转战鄂豫皖苏区，参加第一次反“围剿”。

在艰苦的战争环境中，陈奇通过家书安慰父母——“革命的道路可以断然走通”“一旦革命成功，双亲和村邻群众，定是永世幸福的”。

陈奇十分重视部队的思想政治建设，建立和健全党团组织，加强党的领导。为提高部队的文化水平，他要求连队每个班设识字班长，每天负责教战士识字，读红军小报。

1931 年 1 月起，陈奇任红四军第十师政治委员、第十三师政治委员、第十二师三十四团团长、第十师师长。他坚决抵制张国焘的“左”倾错误，不计较职位高低，英勇驰骋沙场，率部参加鄂豫皖苏区第二、第三次反“围剿”。

1932 年 3 月，陈奇以身殉职，年仅 28 岁。1945 年，中国共产党第七次全国代表大会追认陈奇为革命烈士。

柳直荀
“杨柳轻扬直上重霄九”

1919年7月7日，长沙教育会坪，湖南省学联联合长沙各界群众在举行焚烧日货大会。熊熊烈火照亮了众人的脸庞。一位身着长袍的青年背对火光，振臂高呼：“中国好比一头睡着了的狮子，一旦醒来，就无敌于天下，我们的目的就是要唤醒民众。现在，我们的民众正在觉醒！”这位致力于唤醒彼时沉睡中国的青年，就是柳直荀。

柳直荀（1898—1932），又名柳克明，湖南省长沙县人。柳直荀生于一个书香门第，小时候就表现出强烈的爱国爱民情怀。1912年，柳直荀考入长沙广益中学，后考入雅礼大学预科。其间，他结识了进步人士杨昌济以及毛泽东、何叔衡、张昆弟等人，在毛泽东等人影响下开始学习和研究马克思主义。1920年10月，柳直荀加入中国社会主义青年团；1924年2月，经何叔衡等人介绍加入中国共产党。

大革命兴起后，柳直荀按党的要求到湘潭等地开展农民运动。1926年7月，北伐军攻占长沙，柳直荀当选为新成立的湖南省政府委员，并任湖南省农民协会秘书长，为推动湖南农民运动蓬勃发展作出了重要贡献。

“四一二”反革命政变后，柳直荀立即发出声讨蒋介石的联合通电，动员民众与国民党新军阀做坚决的斗争。长沙马日事变发生当天，他又迅速发动农民自卫军奋起抵抗，组织数万农军进攻长沙。

1927年7月，柳直荀与郭亮等人经武汉到南昌，被党组织编入贺龙的部队，参加南昌起义，后随军南下广东。不久，他被党派往上海、天津等地从事秘密斗争。1928年9月任中共顺直省委秘书长，参加了周恩来主持的中共顺直省委扩大会议。1929年冬调任中共湖北省委书记，不久又任中共中央长江局秘书长和中央军委特派员。

1930年4月，柳直荀受命到洪湖革命根据地工作，任红二军团政治部主任、军团前敌委员会委员兼红六军政委。1931年3月，红二军团改称红三军，柳直荀任红三军政治部主任和前委委员。他与贺龙、段德昌等同志率部打退敌人的多次围攻，使湘鄂西革命根据地得到了巩固和发展。

1931年6月，中共鄂西北临时分特委成立，柳直荀任特委书记兼房县县委书记。此后，柳直荀先后受命组编红二十五师、鄂西北独立团、洪湖独立团，后合编为红八师，柳直荀均兼任政委，为巩固和发展革命根据地作出了巨大贡献。

1932年9月，柳直荀遇难牺牲，时年34岁。临刑前，他留下简短遗言："请把我的问题搞清楚之后，再把我的死讯告诉我的妻子，告诉她我是一个正直的共产党员！"——对党的赤诚之心，一览无余。

柳直荀"钟三湘灵秀，成革命先驱，忠诚为党，奋不顾身"，正如一株劲柳，党将他栽植在哪里，他就在哪里生根发芽。1945年，中共中央追认柳直荀为革命烈士。1957年，毛泽东复信李淑一，"我失骄杨君失柳，杨柳轻扬直上重霄九"，表达了他对柳直荀的深切怀念之情。

毛简青
革命，至死不休

“穷，工农，可怜虫，为人雇佣，身在黑暗中，不辨南北西东，哪怕是受人牢笼，共产党似暮鼓晨钟，唤醒世界上一般痴聋，才知衣食住靠我们劳动，豪绅地主坐享天地也不容，拿起镰刀斧头向前勇敢冲锋，杀开一条血路遍地赤色血染红……”这首“宝塔诗”是毛简青在《红旗日报》上发表的作品。这位无产阶级革命家、中国共产主义运动杰出的宣传教育家，书写了大量的战斗檄文，他倾尽家财为革命，“对革命坚定，这样一直到他的死”。

毛简青（1891—1932），湖南省岳阳市平江县人，中共六大主席团委员。毛简青出生于一个富绅家庭，1913年赴日本留学，1921年毕业于日本东京帝国大学。同年夏回国，在长沙任教。1922年加入中国共产党。他长期从事党的宣传教育工作，与毛泽东、何叔衡等建立了深厚友谊。

1924年，毛简青被党组织选派到黄埔军校任政治教官。1925年到广西梧州领导开展党的工作，同年底建立了广西最早的一个党支部——梧州支部。1926年春兼任黄埔军校第一（南宁）分校政治教官，同时担任新成立的中共梧州地方执行委员会宣传委员，领导梧州地区的工农和学生运动，发展党的组织，培养革命人才。在梧州地委的指导下，广西各地党组织先后建立和发展起来。

“四一二”反革命政变后，毛简青被中共湖南省委派回平江领导当地党组织，发动群众，建立工农武装。马日事变后，任中共湖南省委候补委员兼平江县委书记，领导组建平江工农义勇军，率军攻打平江县城，建立革命政权。后率平江工农义勇军参加了秋收起义，并在毛泽东指挥下进军井冈山，开辟革命根据地。随后，他又主持成立湖南工农革命军平（江）湘（阴）岳（阳）游击总队。1928 年 3 月 16 日，他指挥游击总队和数万农民群众开展平江“三月扑城”斗争，沉重地打击了敌人，显示了党领导的农民武装的巨大威力。

1928 年 6 月，毛简青以湖南代表团书记的身份出席在莫斯科举行的党的第六次全国代表大会，被选为大会主席团委员、代表

毛简青夫妇

资格审查委员会委员，并任大会政治、组织、农民土地问题等7个委员会委员，为开好党的六大做了积极的工作。随后，他又参加了共产国际第六次代表大会。

1928年冬，毛简青回到上海，在中国济难会（后改名中国革命互济会）工作，并为党中央机关进行日、英、俄等国文字的翻译工作。

1931年，毛简青被派到湘鄂西革命根据地，负责主编中共湘鄂西省委机关报《红旗日报》。在艰苦的斗争环境中，他长期坚持带病工作，1932年不幸病逝，时年41岁。

先烈精神千秋在，英灵浩气万古存。毛简青放弃舒适和安逸，选择献身革命，一生忠于党的事业。“爽朗、诚恳、耐艰苦，对革命坚定，这样一直到他的死。”谢觉哉的回忆虽言简意赅，却是对毛简青革命一生的高度概括与评价。

蔡申熙
军中智囊

“我恐怕不行了，我有一个要求，你能答应我吗？……红四方面军现在在鄂豫皖苏区待不下去，必须拼死突破平汉铁路跳到外围作战，你要想尽办法把队伍带出去……”1932年10月10日，蔡申熙重伤之际，对徐向前这样交代。红四方面军突围西进，主力得以保存，最后成为开辟川陕根据地的重要力量，蔡申熙的建议起了极其重要的作用。

蔡申熙（1906—1932），原名蔡升熙，湖南省醴陵市人，红十五军主要创始人，中国人民解放军高级指挥员、军事家。蔡申熙出身贫苦，1920年在族人资助下入县立中学读书，积极参加进步学生运动。1924年春入陆军讲武学校，后转入黄埔军校第一期学习。同年秋加入中国共产党。毕业后留校教导团工作，曾参加平定广州商团叛乱和讨伐军阀陈炯明的两次东征。1926年参加北伐战争，先后任国民革命军第四军营长、第二十军团长。1927年8月参加南昌起义，后任起义部队第十一军二十四师参谋长。同年12月参加广州起义，任广州市公安局局长。后到上海，在中共中央军事部工作。

1928年到1930年，蔡申熙奔走于各战略区域之间，充当着“救火队长”的角色。1928年11月，南昌党的地下组织遭到破坏，蔡申熙担任中共江西省委军委书记，在最短的时间内恢复和重建起军委组织系统和秘密机关，重新打通了与苏区的联系，国民党江西省政府主席鲁涤平悬赏万元要他首级。1929年下半年，蔡申熙奉命前往东固革命根据地，任吉安东固地区游击队第1路总指挥，指挥部队波浪式扩张，有力地配合了井冈山的斗争，当地群众都说“上有井冈山，下有东固山”。虽然蔡申熙在每个地方待的时间都不长，但是他都发挥了扭转局势、打开局面的作用。

1930年初，蔡申熙任中共中央长江局军委书记，不久被派赴鄂东南阳新、大冶和蕲（春）黄（梅）广（济）地区领导游击斗争。同年10月开始，在两个月内组建中国工农红军第十五军，创造了红军历史上建军时间最短的纪录。他任红十五军军长，率部东进皖西，攻克太湖县城。12月到达鄂豫皖苏区，参加第一次反“围剿”。

1931年1月，红十五军与红一军合编为第四军后，蔡申熙任第十师师长、中共鄂豫皖特委委员兼军委副主席，率部参加磨角楼、新集、双桥镇等战斗。他指挥机智、作战勇敢、身先士卒，在一次战斗中负伤致残。同年5月，鄂豫皖中央分局成立，他任分局委员，并任彭杨军事政治学校校长。蔡申熙言传身教，贯彻教育训练与实战要求相结合的教育方针，主持办学四期，为鄂豫皖苏区培养大批军政干部。1932年7月，国民党军对鄂豫皖苏区发动第四次“围剿”时，蔡申熙被调任第二十五军军长，率部在英山、麻埠地区与各路进犯敌军展开激战，予敌以重大杀伤。10月9日，在湖北黄安（今红安）河口镇战斗中，蔡申熙腹部中弹，仍躺在担架上坚持指挥战斗，直至壮烈牺牲，年仅26岁。

1989年，蔡申熙被中央军委评为中国人民解放军33位军事家之一，他是其中去世时年龄最小的一位。这位横空出世的军事天才智勇兼全——他率军在大别山区创造了一系列令人叫绝的经典战例，他也是开创红四方面军战略战术的“黄埔四杰”之一。徐向前元帅说：“他不仅具有战略家的胆识和气度，而且在历次战役战斗中机智果断，勇猛顽强，因而在红四方面军中有很高的威望。他的牺牲，是红四方面军的重大损失。”

段德昌

共和国第一烈士

湖南省益阳市南县段德昌纪念馆中，有一张证书非常引人注目。这张“革命牺牲军人家属光荣纪念证”，编号是“中共字第零零零壹号”，签发人是“毛泽东”，烈士名字是“段德昌”。1952年8月3日，毛泽东亲笔签发了这张证书。在为中华人民共和国牺牲的千万名先烈中，“第一烈士”是中国共产党对自己优秀战士给予的最深情的怀念。

段德昌（1904—1933），湖南省益阳市南县人，中国工农红军杰出指挥员、军事家。1922年入长沙雅各中学读书，参与组织马克思主义学习小组，进行爱国学生运动。1924年和何长工一起在华容创办新华中学，传播进步思想。

1925年五卅惨案发生后，段德昌和进步青年发起组织“青沪惨案南县雪耻会”，经常到县城沿河码头和交通要道查禁洋货、严惩奸商。6月加入中国共产主义青年团，9月转入中国共产党。后到广州，先后入黄埔军校第四期和中央政治讲习班学习。1926年6月毕业后，到国民革命军第八军第一师政治部工作，参加北伐战争。

1927年大革命失败后，段德昌在南县、华容、石首、公安等地进行革命活动，曾任中共公安县委书记，领导该县年关暴动。他还是彭德怀元帅的入党介绍人和革命引路人，曾介绍时任国民党军湖南独立第五师一团团长的彭德怀加入中国共产党。

1928年6月起，段德昌先后任中共鄂西特委委员、鄂西游击大队中队长、游击总队参谋长、独立师师长，率部在监利、沔阳交界地区创建游击根据地。1930年2月后，任中国工农红军第六军副军长兼第一纵队司令，第二军团第六军政治委员、军长，湘鄂西苏维埃联县政府赤色警卫队总队长，参与创建及巩固以洪湖为中心的湘鄂西苏区。

1931年4月段德昌任红三军（红二军团改编）第九师师长，指挥部队连战连捷，取得三官殿、沙岗、普济观、郝穴、汪家桥、龙王集、文家墩、新沟嘴等战斗的胜利。

在段德昌的军事生涯中，有个“十六字诀”——“敌来我飞，敌去我归，敌多则跑，敌少则搞。”这是段德昌等洪湖革命根据地领导人创造出来的战术，和毛泽东的游击战“十六字诀”有异曲同工之妙。

“有贺不倒，无段不胜”是当时湘鄂西地区流传的一句民谚。段德昌是湘鄂西根据地最主要的战将和战役组织者，洪湖苏区所有的胜仗几乎都有他的功劳，他也因此被湘鄂西苏区军民誉为“常胜将军”。

1931年秋，在国民党军大规模“围剿”下，红三军被迫离开洪湖苏区。段德昌率第九师担负阻击、断后等艰巨任务，转战3500余公里，于12月下旬到达湘鄂边。

1933年5月，段德昌壮烈牺牲，年仅29岁。

将军虽逝，风范长存。德昌身死，精神不灭！1989年，段德昌被中央军委评为中国人民解放军33位军事家之一；2009年，被评为“100位为新中国成立作出突出贡献的英雄模范人物”。

贺　英
利剑能挡百万师

她是贺龙元帅的大姐，也是令敌人闻风丧胆的“女司令”。她还是电影《洪湖赤卫队》中韩英一角的原型。她，不是共产党员，却以非党员身份为革命贡献了一切，包括生命！她的名字，叫贺英。

贺英（1886—1933），湖南省张家界市桑植县人，人称“香大姐”。1906 年，贺英和丈夫组建起一支反抗反动恶势力的地方武装，为民申冤。1922 年，丈夫被杀害后，她接过丈夫手中的枪，率领地方武装杀豪绅、打土匪、救穷人，开展更加顽强的斗争。1926 年夏，她率领地方武装支持贺龙部队参加国民革命军的北伐，受到广大群众的拥护。

1927 年大革命失败后，贺英来到武汉贺龙部队，接触了周逸群等共产党员。她叮嘱贺龙，要警惕蒋介石、汪精卫这些人。她回到桑植不久，长沙发生马日事变，国民党反动派到处追捕、屠杀共产党员和革命群众。8 月，南昌起义爆发后，敌人对南昌起义总指挥贺龙的老家洪家关进行“围剿”，杀人烧屋，无恶不作。在敌人的重兵“围剿”中，贺英指挥地方武装坚持斗争。

1928 年春，贺龙、周逸群等受中共中央指派回到湘鄂西开展武装斗争，开辟革命根据地。贺英得信后，将自己领导的近千人的武装交给贺龙、周逸群等，从此加入工农革命军，参加了桑植起义，为建立湘鄂西革命根据地作出重要贡献。

同年 7 月，贺龙率领工农革命军前往石门、澧县、松滋一带打游击，桑植只留下游击队坚持斗争。

贺英率部活动在山高林密、地势险要的桑植、鹤峰一带，联系地方武装，坚持游击战，配合贺龙率领的主力部队转战湘西。

同年 10 月，工农革命军在石门受挫，贺锦斋等重要骨干战死沙场，贺龙率部退到桑植、鹤峰边界休整。由于粮药缺乏，部队处境十分困难，许多战士身体浮肿，伤病员缺医少药。当贺英得知工农革命军被困深山的消息后，亲自带领游击队打土豪、筹粮款，千方百计把缴获的银圆、布匹、棉花、腊肉、粮食等物资，用骡马和人力运往深山，使工农革命军得以熬过难关。贺龙多次说，1928 年那次石门失败转到鹤峰大山里的时候，若没有贺英的支援，后果不堪设想。

1929 年 10 月，红军在庄耳坪战斗失利，贺英率游击队去战地做善后工作。1930 年春，贺龙率红军主力东下洪湖，贺英率游击队留在湘鄂边根据地，配合红军主力坚持游击战争。1932 年反

“围剿”战斗中，国民党军和团防武装四面包围湘鄂边根据地，贺英率部苦苦坚持。1933 年 5 月 5 日深夜，因叛徒告密，游击队驻地被敌人重兵包围。贺英率部英勇作战，为掩护同志们突围，不幸多处负伤，壮烈牺牲。

贺英以非党员的身份，为党做了大量工作直至献身，她的英名将永存于青山澧水之间。2009 年，贺英被评为“100 位为新中国成立作出突出贡献的英雄模范人物”。

毛福轩
坚定的农民革命者

在国产老电影《特殊身份的警官》中，中共地下党员江万和打入国民党警察局，在“虎穴”中机智勇敢地为党做了大量工作。江万和的原型，就是“韶山五杰”之一的毛福轩。

毛福轩（1897—1933），湖南省湘潭县人，早年跟随毛泽东走上革命道路。1922 年，毛福轩进入湖南自修大学半工半读，之后和毛泽民一起受党组织派遣到安源煤矿从事工人运动，同年底在安源加入中国共产党。

1925 年初，毛福轩与毛泽东先后回到韶山从事农民运动。1925 年 6 月，在毛泽东主持下，湖南农村第一个党支部韶山党支部成立，毛福轩任韶山党支部书记。

此后，因领导农民运动有建树，毛福轩先后担任中共湖南区委特派员和农运特派员、湖南省委委员，担负起农民运动的领导责任。在反动统治的白色恐怖中，毛福轩坚持党的地下斗争，过着“青草为席，石洞而眠”的艰苦生活。

1927年初，毛泽东回到湖南考察农民运动，毛福轩自始至终陪同和协助他到银田寺、清溪寺、毛震公祠及湘乡等地考察。正是这次考察，毛泽东写出了著名的《湖南农民运动考察报告》。

1928年春，毛福轩被调往上海，从事党的地下出版工作。一年后，他受党组织派遣，化名毛恩灏打入国民党政府江苏省金山县警察局，在国民党警察局坚持秘密工作长达4年。毛福轩以一个共产党员的忠诚勇敢和机智灵活，在反动统治的白色恐怖中，多方为党搜集重要情报，设法救护革命同志。

1933年初，上海党组织遭到严重破坏。2月27日，由于叛徒出卖，毛福轩被国民党特务秘密逮捕。他被敌人作为要犯，先关押在上海监狱，后押解至南京。在阴森、血腥的南京监狱里，面对敌人的“老虎凳”“十字架”等酷刑，毛福轩轻蔑地对审讯他的敌人说：“要杀就杀，叫我叛党办不到。”他在遗书中写道：“余为革命奋斗牺牲，对于己身毫不挂虑。”1933年5月，毛福轩在南京雨花台英勇就义，时年36岁。

毛福轩牺牲了，但他对党和革命无限忠诚的革命精神永世流传。毛泽东曾赞叹他的革命精神：“一个农民出身的同志，学习和工作那样努力，一直到担任党的省委委员的工作，是很不容易的。”并对毛福轩的妻子贺菊英说：“毛福轩同志为革命牺牲是光荣的。”

黄　励
用生命实现革命诺言

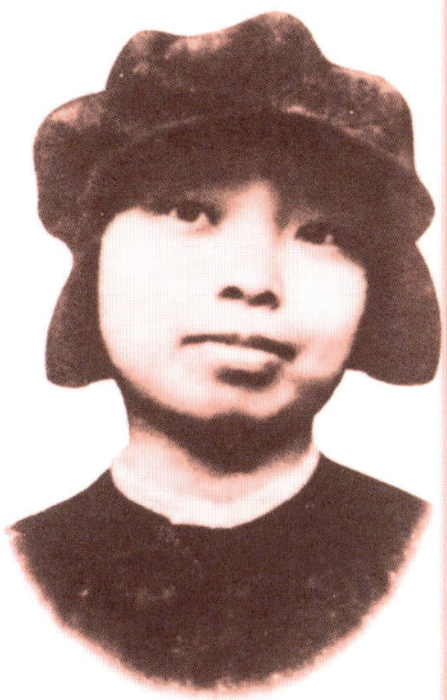

“雨花台，雨花台，红骨都在那里埋！”1933年，28岁的益阳妹子黄励在狱中留下这句遗言后，在南京雨花台从容赴死，为革命流尽了青春最后一滴血。

黄励（1905—1933），曾化名张秀兰，湖南省益阳市人。黄励出生于一个贫民家庭，1924年考入武昌中华大学文科，1925年加入中国共产党。同年，被党组织选派到苏联莫斯科中山大学学习。1927年毕业后留校在党的建设教研室工作。

1928年秋，黄励随瞿秋白赴柏林参加世界反帝大同盟代表大会。1929年初，随邓中夏去苏联远东城市符拉迪沃斯托克（海参崴）参加第二届泛太平洋劳动大会，会后被留在大会书记处工作，并担任《太平洋工人》月刊中文版编辑。

1931年10月，黄励回到白色恐怖笼罩的上海，党组织安排她担任中国革命互济会主任兼党团书记，主要任务是营救被捕的共产党员和革命同志，救济烈士和被捕同志的家属。为营救被捕的同志，黄励想方设法多方寻找可靠的社会关系、联系社会知名人士、聘请有正义感的律师、组织和动员群众请愿、同反动当局进行针锋相对的斗争等，使许多被捕同志获释出狱。

1932年“一·二八”淞沪抗战期间，黄励积极参与组织沪西日本纱厂女工罢工和支持十九路军的抗日。1932年，黄励被调往中共中央组织部工作，同年冬任中共江苏省委组织部长，在十分险恶的环境中参与领导重建党的组织，坚持地下斗争。

1933年春，党中央决定调黄励到中央苏区工作，临行前因叛徒出卖，于4月25日在法租界被法国巡捕和国民党军警逮捕。4月27日，黄励被作为要犯押解到南京，关押在南京宪兵司令部看守所。在狱中和国民党反动当局的法庭上，面对敌人的威逼利诱和严刑拷打，黄励大义凛然、坚贞不屈、视死如归。她义正词严地痛斥国民党反动当局对日本侵略者妥协、对人民革命和抗日救亡运动进行残酷镇压的丑恶行径。黄励坚定地表示:“只要我活着，就一定要为革命而奋斗，直到最后一秒钟！”她用生命实现了自己的诺言。1933年7月5日凌晨，黄励被国民党反动军警押赴南京雨花台刑场，英勇就义。

黄励倒下了，鲜血洒在雨花台，年仅28岁。她留给亲人的，是她在狱中剪下的一绺头发以及她为革命奋斗不息的精神。

邓中夏
中国工人运动的著名领导人

“就是把邓中夏的骨头烧成灰，邓中夏还是共产党员。”这是革命烈士邓中夏生前在国民党监狱中留下的话。短短数言，浓缩了他对党的无限忠诚、对革命事业生死以之的英勇气概。他遗留给我们的宝贵精神财富，值得我们永远珍惜。

邓中夏（1894—1933），湖南省郴州市宜章县人，马克思主义理论家、工人运动的领袖。1914 年考入湖南高等师范学校，1917 年考入北京大学中文系，后转入哲学系学习。1919 年参加五四运动，任北京学生联合会总务干事，参与火烧赵家楼的行动。1920 年 3 月，在李大钊领导下，邓中夏、高君宇等人发起组织北京大学马克思学说研究会。同年 10 月，以马克思学说研究会的成员为骨干，发起成立了北京的中国共产党早期组织，成为中国共产党最早的党员之一。

从 1920 年 4 月起，邓中夏长期在北京长辛店从事工人运动，主办工人劳动补习学校，建立工会，为北方工人运动培养了大批骨干力量。1922年5月1日，他作为长辛店工人的代表，出席在广州召开的第一次全国劳动大会，当选为中国劳动组合书记部主任。同年7月，他出席党的二大，参与二大宣言和党的民主革命纲领的制定，被选为中央委员。不久，他又先后当选为中国社会主义青年团中央执行委员会委员、委员长，参与创办《中国青年》杂志。1923年，他受李大钊推荐参加创办国民党和共产党合办的上海大学，任总务长。1925年中华全国总工会成立后，任秘书长、宣传部长，留在广州工作，不久参与组织和领导了著名的省港大罢工。

在大革命失败的紧急关头，邓中夏坚决主张在南昌举行武装起义，并受中央派遣，到九江与李立三、谭平山、叶挺、聂荣臻等开会，分析形势，提出建议。随后，参加党的八七会议，坚决拥护会议确定的实行土地革命和武装起义的方针，被选为中央临时政治局候补委员。1928年3月赴莫斯科，出席赤色职工国际第四次代表大会，任中华全国总工会驻赤色职工国际代表。

1930年7月，邓中夏从莫斯科回到上海。不久，中央任命他为中央代表赴湘鄂西根据地，任中共鄂西特委书记、红二军团（后改为红三军）政委、前敌委员会书记、中央革命军事委员会委员，与贺龙、周逸群一起领导湘鄂西的武装斗争。1932年调回上海坚持秘密斗争，任中国革命互济会主任兼党团书记。

1933年5月，邓中夏在上海工作时被捕，随即被叛徒供出身份。蒋介石闻讯后亲自过问，并令立即将邓中夏押往南京国民党宪兵司令部监狱。在狱中，邓中夏以共产党员的坚定信念和钢铁意志，经受住了敌人金钱厚禄的利诱和严刑拷打的摧残。他对狱中地下党支部负责人说："请告诉大家，就是把邓中夏的骨头烧成灰，邓中夏还是共产党员。"

1933 年 9 月 21 日，在南京雨花台刑场，邓中夏高呼着"打倒国民党反动派！""中国共产党万岁！""全世界无产阶级联合起来！"的口号英勇就义，时年 39 岁。

邓中夏虽然远去，但党和人民没有忘记他。毛泽东得知邓中夏牺牲的消息后，无比悲痛。1934 年 1 月 22 日，他在江西瑞金沙洲坝召开的中华苏维埃共和国第二次代表大会开幕辞中说："黄公略、赵博生、韦拔群、恽代英、蔡和森、邓中夏……在敌人的枪弹下屠刀下光荣地牺牲了。我提议静默三分钟，向这些同志表示我们的哀悼和敬仰！"1945 年 3 月 1 日，毛泽东在延安接见邓中夏的妻子李瑛时，在其日记本上题写："继启汉中夏之意志！"2002 年，邓中夏被评为"100 位为新中国成立作出突出贡献的英雄模范人物"。

周以栗
“新华英烈”第一人

1931 年 12 月 11 日，中华苏维埃共和国临时中央政府机关报《红色中华》在瑞金创刊，周以栗是红中社（新华社的前身）第一任负责人和《红色中华》报第一任主笔，他对红中社事业和《红色中华》报的创刊作出了开创性的贡献。在当时敌人严密封锁之下，红中社的新闻有如黑暗中的一道闪电，有力地传播了中国革命的消息，扩大了中国工农红军的影响。

周以栗（1897—1934），湖南省长沙县人。长沙师范学校毕业，曾在周南女校等学校当教师。其间，周以栗认识了徐特立、何叔衡等，并通过他们认识了毛泽东，开始接受马克思主义。1924 年，周以栗加入中国共产党。

1925 年春，周以栗任国共合作的国民党湖南省党部第一届执行委员、省党部中共党团书记，参与统一战线和工农革命运动的领导工作。五卅运动发生后，周以栗以“青沪惨案湖南雪耻会”负责人之一的身份领导了长沙市的罢工、罢市、罢课和示威游行。

1926 年，周以栗任国民党湖南省党部组织部秘书、青年部长，参与组织领导了轰轰烈烈的湖南农民运动。1927 年初，根据党组织的指示，到武汉筹办国民党中央农民运动讲习所，后任农讲所教务主任。

大革命失败后，周以栗回到湖南，任中共湖南省委军事部部长。不久赴上海向中共中央汇报工作，后留在上海担任党中央刊物《布尔什维克》的编辑。

1927 年底，周以栗任中共河南省委书记。在严峻的白色恐怖形势下，他临危不乱，大力恢复发展党的组织，领导发动农村武装暴动，在中原大地点燃了武装反抗国民党反动派的熊熊烈火。

1928 年 4 月 15 日，周以栗在开封被捕。凶残的敌人用烧红的烙铁烙他的皮肉。周以栗宁死不屈，严守党的机密。1930 年 1 月，经营救，周以栗获释出狱。

出狱后，周以栗任中共中央长江局军事部长，1930 年 9 月以中央代表的身份来到中央革命根据地。同年 10 月任红一方面军总前委委员、总政治部主任，参加了中央革命根据地第一、第二次反“围剿”斗争。1931 年 6 月，周以栗被增补为苏区中央局委员，担任中共闽赣边界工委书记。

1931 年 11 月，中华苏维埃共和国第一次全国工农兵代表大会在江西瑞金召开，周以栗被选为中央执行委员，并担任临时中央政府内务人民委员。同时，他还兼任红军总前委组织部部长、红军中央军事政治学校政治部主任、红中社负责人、临时中央政府机关报《红色中华》主笔等职。

1934 年 10 月，中央红军开始长征，周以栗因病不能随大部队行动，党组织决定安排他去上海治病。同年 11 月，在转移途中被国民党军包围，突围时壮烈牺牲，时年 37 岁。

周以栗是红中社的第一位烈士，他为革命无私地献出了自己的一生。他虽然牺牲了，但他那以民为本的深厚情怀、实事求是的优良作风、开拓创新的永恒追求、服从安排的大局意识，激励着一代又一代共产党人不忘初心、砥砺前行，不断开创党的事业新的辉煌。

陈树湘
断肠明志

1934年12月，中央红军主力渡过湘江后，担任后卫的红三十四师被敌人阻隔于湘江东岸，陷入重围。师长陈树湘率部转战湘南，在掩护余部突围时腹部受伤被俘，在被敌人押送途中，他撕开腹部伤口，绞肠自尽。陈树湘以常人难以想象的方式，以世间罕有的胆魄，以一种极其悲壮的方式实践了自己“为苏维埃新中国流尽最后一滴血”的豪迈誓言。

陈树湘（1905—1934），湖南省长沙县人。1919年参加新民学会发动的长沙反日爱国运动。1921年与在长沙清水塘从事党的秘密工作的毛泽东结识，受到马克思主义的启蒙教育。1922年秋加入中国社会主义青年团。1925年7月加入中国共产党。1927年参加北伐军叶挺部，历任班长、警卫团排长。同年9月随部参加毛泽东领导的湘赣边界秋收起义。后上井冈山，历任红四军第三十一团连长、第三纵队大队长。参加了井冈山和赣南、闽西地区的游击战争。

1930年6月，陈树湘任红一军团总指挥部特务队队长，8月任红一方面军司令部特务队队长，负责毛泽东、朱德等领导人的警卫工作。1931 年后，历任红十二军团长、红十九军第五十六师师长、红五军团第三十四师第一〇一团团长、第三十四师师长，率部参加了中央苏区历次反“围剿”作战。在创建井冈山革命根据地和中央苏区的斗争中，陈树湘身经百战，屡建奇功，逐步成长为红军的一名优秀指挥员。

1934 年 10 月，陈树湘率部参加中央红军长征，担任全军总后卫，同国民党追兵频繁作战，掩护红军主力和中共中央、中革军委机关连续突破国民党军第一至第三道封锁线。

1934 年 11 月下旬，在惨烈的湘江之战中，陈树湘率领全师与十几倍于自己的敌人殊死激战 4 天 5 夜，付出重大牺牲，全师由 6000 余人锐减至不足 1000 人。12 月 1 日，中央红军主力和中共中央、中革军委机关渡过湘江。

完成掩护中央红军主力渡过湘江后，陈树湘指挥红三十四师数次强渡湘江，都先后失利，陷入敌人的重围。面对严峻形势，陈树湘执行退回湘南地区、坚持游击战争的命令，率部突围。在激烈战斗中，陈树湘腹部中弹，身受重伤。他用皮带压住伤口，躺在担架上继续指挥战斗。部队到达道县四马桥时，遇到国民党地方保安团的截击。

危急时刻，陈树湘命令大部队突围，自己和两名警卫员留下掩护。经过激战，大部队突出重围，陈树湘不幸被俘。敌人为抓到一名红军师长而欣喜若狂，立即将他押往长沙。途中，陈树湘乘敌不备，忍着剧痛，从伤口处掏出肠子，用力绞断，壮烈牺牲，年仅29岁。

在29年的短暂人生里，陈树湘自走上革命道路的那一天起，矢志不渝跟党走，一腔热血铸忠魂，谱写了一曲对党和人民绝对忠诚的生命赞歌。2009年，陈树湘被评为“100位为新中国成立作出突出贡献的英雄模范人物”。在2014年全军政治工作会议、2019年全国“两会”、纪念五四运动100周年等重要场合，习近平总书记曾多次深情讲述陈树湘断肠明志、绝对忠诚的故事。

何宝珍
女党员之杰出者

1934年，何宝珍在监狱被关了一年以后，由于叛徒的出卖身份暴露，敌人对她进行了一次又一次酷刑拷打，她始终坚不吐实，只有斩钉截铁的一句话："要口供，没有；要命一条。请吧，革命者是杀不尽的！"敌人最后摆出死、生两条路要她自择，她选择了前者，为革命英勇牺牲。

何宝珍（1902—1934），又名保贞、葆珍，湖南省永州市道县人。1914年入县女子小学读书，1918年考取衡阳湖南省立第三女子师范学校，在学校里积极参加学生运动。1922年加入中国社会主义青年团，同年9月因领导学潮被校方开除。经过学校党组织的联系，何宝珍很快来到长沙中共湘区委员会。同年10月被分配至安源工作，在安源路矿工人俱乐部子弟学校任教员兼工人俱乐部书报科委员。1923年春转入中国共产党，4月与刘少奇结成革命伴侣。

1925年春，何宝珍随刘少奇起程奔赴广州，开始新的斗争。从此，随刘少奇为革命多方奔走，四海为家，先后在上海、广州参加中华全国总工会的工作。1926 年 10 月与刘少奇来到武汉，曾任汉口市妇女协会组织部部长。大革命失败后，又随刘少奇辗转于华北、东北、上海等地，参加当地党的、工会的、妇女群众的许多工作。

1932 年冬，刘少奇离开上海前往中央苏区后，何宝珍带着小儿子留在上海坚持地下斗争。此前为了便于从事革命工作，她将一儿一女两个孩子先后送他人代养。何宝珍曾担任全国互济总会的领导职务兼营救部部长，化名王芬芳，以教师身份作掩护，四处奔波，争取社会力量，千方百计地营救被捕同志。她的营救活动引起反动当局的注意，1933 年 3 月被国民党宪兵逮捕，关进南京宪兵司令部监狱。

在狱中，何宝珍机智地向敌人隐瞒了自己的真实身份，与狱中的共产党员一道组织难友同敌人展开各种形式的斗争。她还常常利用难得的放风等机会，以革命乐观主义精神鼓励难友，感染同伴。由于叛徒告密，她的身份暴露。面对敌人的严刑拷打，何宝珍始终坚贞不屈，坚守党的机密，1934 年秋，何宝珍在南京雨花台英勇就义，年仅 32 岁。

学生领袖、铁骨铮铮、钢铁毅力、巾帼传奇……随党救民追革命，坚贞不屈献青春。对何宝珍革命的一生，刘少奇有过这样的赞语："英勇坚决，为女党员之杰出者。"何宝珍虽然牺牲了，但她的坚忍不拔、英勇不屈的革命意志，视死如归、舍生取义的无畏精神，任劳任怨、一心向党的崇高品格，仍然值得我们铭记、学习和弘扬。

寻淮洲
年轻有为的红军将领

1933年10月，寻淮洲被任命为红七军团军团长。这年，寻淮洲年仅21岁，成为红军中最年轻的军团长。他从一个战士做起，班长、排长、连长，一路干到军团长，直到22岁牺牲。他的整个革命历程只有八年半，但是善于思考、勤于学习、勇敢顽强的寻淮洲用壮丽的青春实现了自己“与国家做些大事”的崇高理想！

寻淮洲（1912—1934），湖南省浏阳市人。1927年初加入中国共产主义青年团。同年9月，随浏阳工农义勇队参加秋收起义，并随起义部队进军井冈山，参加开辟井冈山革命根据地的斗争和反“会剿”作战。1928年转为中国共产党党员。1929年春随红四军转战赣南、闽西。先后任中国工农红军第四军排长、连长，红一军团第十二军三十四师营长、团长。

1930年11月，寻淮洲率红三十四师第一〇〇团参加中央革命根据地第一次反“围剿”作战，因为指挥果断，作战有功，被任命为红十二军第三十五师师长。随后，他率部参加了中央革命根据地的第二、第三次反“围剿”作战，屡建战功。1932 年 3 月任红一军团第十五军四十五师师长，12 月任红二十一军军长。

1933 年，在第四次反“围剿”作战中，寻淮洲率部牵制国民党军几个师的兵力，保证了红一方面军主力取得黄陂、东陂两个战役的胜利，荣获中央军委特别嘉奖。黄陂战斗中，他率红二十一军插入敌后，切断国民党军第五十二师退路，为全歼该师创造了条件。同年 7 月，红二十一军与红七军改编为红三军团第五师，他任师长。根据党中央指示，红三军团四师、五师和红五军团三十四师组成东方军，执行收复闽西连城、新泉苏区和开辟闽北新苏区的任务。他率红五师从江西广昌头陂地区出发，向福建进军，入闽作战几个月，连战告捷。

1933 年 10 月，寻淮洲被任命为红七军团军团长。率部参加中央革命根据地第五次反“围剿”作战。1934 年 1 月，被选为中华苏维埃共和国中央执行委员。

1934 年 7 月，红七军团奉命组成中国工农红军北上抗日先遣队，寻淮洲任军团长兼抗日先遣队总指挥。在 4 个月时间里，他指挥部队转战闽浙皖赣边几十个县，行程 3200 多里，牵制了大量国民党军，击退其无数次的围追堵截，有力地策应了中央红军的战略转移。

1934 年 11 月，寻淮洲率部进入闽浙赣苏区，与方志敏领导的红十军合编为红十军团，任第十九师师长，奉令先行出击浙皖边，继续率部英勇作战，连连取胜。同年 12 月 14 日，在安徽太平县谭家桥战斗中，他指挥部队同数倍于己之敌展开激战，不幸腹部中弹，壮烈牺牲，年仅 22 岁。

1938 年 5 月，陈毅率新四军挺进苏南创建抗日根据地途经皖南泾县茂林地区时，专程登上陡峭的蚂蚁山，拜谒了红军最年轻的军团长、红军北上抗日先遣队总指挥寻淮洲烈士的墓地，留下了“回念旧时人，潸然泪沾袖”的感人诗篇。2009 年，寻淮洲被评选为“100 位为新中国成立作出突出贡献的英雄模范人物”。

何叔衡

中共创始人之一

在何叔衡59年的革命生涯中，创下了中国共产党历史上几个之最：最年长的中共一大代表、苏维埃红色政权最早的“大法官”、中共一大代表中最早壮烈牺牲的无产阶级革命家。他穷尽一生追求真理，实践正义，他用自己无悔的行为实践了“我要为苏维埃流尽最后一滴血”的豪迈誓言。

何叔衡（1876—1935），湖南省宁乡市人。1913年，何叔衡考入湖南省立第一师范讲习班，与毛泽东、蔡和森等同学志同道合，成为最好的朋友。在第一师范结业后，先后在长沙楚怡学校和第一师范附小任教，同时积极参加毛泽东、蔡和森等组织的革命活动。1918年4月，他与毛泽东、蔡和森等发起组织成立新民学会，曾任执行委员长。

五四运动中，何叔衡与长沙的进步教师支持学生反帝爱国行动。1920年3月，参加驱除皖系军阀张敬尧的斗争。1920年夏，他与毛泽东等发起组织湖南俄罗斯研究会，确定以“研究俄罗斯一切事情为宗旨”，提倡赴俄勤工俭学，先后介绍刘少奇、任弼时、萧劲光等进步青年到上海外国语学校学习俄语及赴俄留学。

1920年冬，何叔衡与毛泽东共同发起成立湖南的共产党早期组织。1921年7月，出席中国共产党第一次全国代表大会，成为党的创始人之一。同年10月，参与组建中共湖南支部，任支部委员。1922年任中共湘区执行委员会委员，在湖南大力发展党员和基层组织，开展革命活动。第一次国共合作时期，按照党的要求，他在湖南发展国民党组织，推动国民革命的发展，曾任国民党湖南省党部执行委员、监察委员等职。

1927年马日事变后，何叔衡前往上海，为党创办地下印刷厂，坚持秘密斗争。1928年6月赴莫斯科出席中共六大，9月进入莫斯科中山大学，与徐特立、吴玉章、董必武、林伯渠等编在特别班学习。1930年7月从苏联学习回国后，在上海负责中国互济会工作，组织营救被捕同志，将暴露身份的同志转往苏区。

1931年11月，何叔衡进入中央革命根据地，当选为中华苏维埃共和国中央执行委员会委员，任临时中央政府工农检察人民委员、内务人民委员部代部长、临时最高法庭主席等职。毛泽东高度评价他的革命精神和工作能力，说“叔翁办事，可当大局”。

1934年10月，中央红军主力长征后，何叔衡奉命留在中央革命根据地坚持游击战争，经受了严峻的生死考验。1935年2月24日，从江西转移福建途中，在长汀突围战斗时壮烈牺牲，时年59岁。

1937年，在延安纪念中国共产党成立16周年大会上，在为牺牲同志默哀前，当毛泽东念到何叔衡的名字时，大家莫不为这位党内革命长者的牺牲而深感悲痛。何叔衡的老战友、诗人萧三在《怀念何叔衡》一诗中写道："矍铄老翁何叔衡，建党初期立殊勋。作事不辞牛荷重，感情一堆烈火腾。平日能谋更善断，赤胆忠心无与伦。铁骨铮铮壮烈死，高风亮节万年青。"何叔衡的一生闪耀着真理和正义的光辉，他坚定不移的信仰、救国救民的抱负、英勇无畏的精神、赤胆忠心的品德、求真务实的作风足以让他彪炳史册，他的精神永远激励着我们奋勇向前。2009年，何叔衡被评选为"100位为新中国成立作出突出贡献的英雄模范人物"。

钟纬剑
血染的红军利剑

“共产党人的意志向来就不会改变，只有革命才有生路！”1930 年，刚从日本监狱出来、满身伤痕却带着满腔革命热情的钟纬剑对从家乡来上海看望自己的妻子说。钟纬剑，被誉为红军的一柄利剑。为了革命，他永远战斗在最前方，不怕流血牺牲，始终保持着一个共产党人的坚定信念和革命意志，直到献出了宝贵的生命。

钟纬剑（1907—1935），又名钟维剑、钟继连、钟文，湖南省醴陵市人。1922 年，钟纬剑进入长沙长郡中学读书，曾与学校的进步学生参加新雷声社。1925 年，参与领导爱国学生运动，同年秋入黄埔军校步兵科学习，其间加入中国共产党。1926 年秋毕业，被分配到国民革命军第六军十七师，先后任连政治指导员、连长、副团长等职，参加了北伐战争中三战南昌、强攻南京的战斗。

大革命失败后，钟纬剑到武汉从事兵运工作。他从国民党军内秘密弄到了一部分枪支，用一条帆船夜里运离武汉，沿江而上，在湖南华容与贺龙接上头，随贺龙前往湘西桑植。1928 年 3 月参加桑植起义，任中国工农革命军第四军军部参谋。1928 年 8 月被党组织派往日本，入东京士官学校学习，后转入早稻田大学攻读社会科学。在校期间，钟纬剑积极参加中共旅日特别支部的活动。

在日期间，钟纬剑遭到日警逮捕，被酷刑折磨得死去活来，但依然将生死置之度外，坚不吐实。1930 年 4 月，带着满身伤痕和满腔革命热情，钟纬剑回到上海。面对白色恐怖，钟纬剑对妻子说："共产党人的意志向来就不会改变，只有革命才有生路！即使我牺牲了，革命总是要成功的。"随后，钟纬剑与妻子搬进法租界，在一家书社以翻译书籍做掩护，开展党的地下工作。

1932 年 3 月，正值中央革命根据地反"围剿"时期，钟纬剑主动请缨，告别了妻子和刚出生不久的女儿，奔赴中央苏区，历任中央军事政治学校战术教员、上级干部队队长，第 5 期、第 6 期步兵团团长，红军大学训练部部长、教育长等职。他军事素质好，计划周密，讲课细致，受到学员的好评，为红军培养了大批军政干部。

1934 年 10 月，钟纬剑参加长征，任红军干部团参谋长、第一野战纵队参谋长、中央军委纵队参谋长。湘桂边界山区的越城岭（别名老山界）海拔 2000 多米，是中央红军长征路上遇到的第一座高山。叶剑英和钟纬剑率部来到这里，在通过龙胜山区时，遇上敌机轰炸，司令员叶剑英不幸负伤，纵队的指挥任务几乎全落到钟纬剑身上。他凭着智慧和毅力，率领指战员克服重重困难，终于走出了老山界。

1935 年初部队缩编，钟纬剑任红三军团第五师参谋长、红三军团第十团参谋长。同年 2 月 28 日，在遵义战役中的老鸦山战斗中，红十团担负守卫主峰阵地任务。敌人的炮弹纵横交加，老鸦山硝烟弥漫，乱石横飞，敌人像蚁群般爬上山来。红十团全体指战员以视死如归的气魄与敌人展开殊死搏斗，战斗持续了五六个小时，仍成胶着状态。

激战中，红军弹药接济不上。生死关头，钟纬剑身先士卒，跨出战壕，扑向敌群。在他的率领下，战士们气势磅礴地冲出战壕，与敌人拼刺刀，正面搏杀，敌人节节败退。正在红军乘胜追击之时，猛烈的炮火再一次轰炸了老鸦山。钟纬剑腹部中弹，由于失血过多再也没能醒过来。

壮志未酬身先死，长征万里立奇功。钟纬剑是我党我军的一名优秀干部和军事指挥员，他虽然没有看到革命的最后胜利，但他为党、为人民、为共产主义事业而英勇献身，他的身影不仅停留在老鸦山之巅，耸立在遵义烈士陵园内，也永远挺立在中国人民心中！

毛泽覃

优秀的红军指挥员

经受革命战争的磨炼，毛泽覃很快成长为红军优秀的指挥员。他参加了保卫井冈山的战斗，参加了中央苏区5次反“围剿”斗争。因战功卓著，1933年8月1日，他荣获一枚中央军委颁发的二等红星奖章。毛泽覃面对革命满怀一腔似火的热情，他的革命人生虽然很短，却给我们后人留下了非常珍贵的精神财富。

毛泽覃（1905—1935），湖南省韶山市人，毛泽东的弟弟。1918年2月，毛泽覃随毛泽东到长沙读书，深受长兄影响。1923年春，由党组织派遣，到常宁秘密从事工人运动，任工人俱乐部教育股委员兼工人学校教员。同年10月，加入中国共产党。

1925年秋，毛泽覃赴广州，在黄埔军校政治部和广东区委工作，后到武汉国民革命军第四军政治部任书记。1927年8月，参加南昌起义，任起义军第十一军二十五师政治部宣传科科长，后随朱德、陈毅转战闽粤赣湘边。1927年冬，被派赴井冈山与毛泽东联络。

1928年初，毛泽覃任遂川县游击大队党代表。在他的积极联络下，1928年4月下旬，朱德、陈毅率领南昌起义保存下来的部队和湘南起义军与毛泽东率领的秋收起义部队在井冈山胜利会师。这次历史性的会师成为我党我军历史上光辉的一页。同年5月，毛泽覃任第四军三十一团3营党代表，参加了龙源口等战斗。

经受战争考验，毛泽覃很快成长为红军的一名优秀指挥员。1930年1月任红六军（后改称为红三军）政治部主任，曾代理军政治委员。同年10月，任中共吉安县委书记、红军驻吉安办事处主任。1931年6月，任中共永（丰）吉（安）泰（和）特委书记兼红军独立五师政治委员，1932年任中共苏区中央局秘书长。其间，毛泽覃与邓小平等一起同王明的“左”倾错误进行了坚决斗争。由于卓有战功，毛泽覃曾获一枚二级红星奖章。

1934年10月中央红军主力长征后，毛泽覃留下坚持游击战争，任中共中央苏区分局委员、红军独立师师长、闽赣军区司令员。在极端艰苦的条件下，毛泽覃率部转战于闽赣边界的崇山峻岭，风餐露宿于山谷密林，不断寻找战机打击敌人。1935年4月26日，毛泽覃部在江西瑞金红林山区被国民党军包围，为掩护游击队员脱险，不幸英勇牺牲，时年30岁。毛泽覃是毛泽东一家为中国革命献出宝贵生命的第三位亲人。

红军优秀指挥员毛泽覃是千百万革命烈士中的一员，党和人民永远不会忘记。他用鲜血和生命铸就了追求革命真理、百折不挠、不怕流血牺牲、顾全大局的革命精神。2009年，毛泽覃被评选为“100位为新中国成立作出突出贡献的英雄模范人物”。

曾中生
铁血儒将

他对党忠诚、待人诚恳、才思敏捷，浑身充满着革命者的战斗激情和力量。尤其难能可贵的是，他虽身陷狱中，仍奋笔书就了《与“剿赤军”作战要诀》这一重要军事著作。该著作由西北军委印发全军干部，人手一册，成为红四方面军干部提高军事理论水平的基本教材。他就是被徐向前元帅盛赞为“能文能武，智勇双全”的曾中生。

曾中生（1900—1935），湖南省资兴市人。1925年考入黄埔军校第四期，同年加入中国共产党。

1926年，曾中生参加北伐战争，在国民革命军第八军前敌指挥部政治部任组织科科长。1927年9月赴苏联，入莫斯科中山大学学习。1928年冬回国，先后任中共中央军事部参谋科科长、中共南京市委书记、中共中央军事委员会委员、武装工农部部长。

1930年9月，曾中生以中共中央特派员身份被派到鄂豫皖苏区。在国民党军队对鄂豫皖苏区发动第一次“围剿”的危急时刻，他果断地组成中共鄂豫皖临时特委和临时革命军事委员会，统一指挥反“围剿”斗争并取得了胜利。

1931年2月，曾中生任中共鄂豫皖特委书记和军委主席。他指挥磨角楼、新集、双桥镇等战斗取得胜利，挫败了国民党军队的第二次“围剿”。同年4月，他任中共鄂豫皖中央分局委员和军委副主席、第四军政治委员，与军长徐向前率部南下作战，连克英山、蕲水、罗田、广济等县城，相继取得漕河镇、洗马畈等战斗的胜利。他率部参加第四次反“围剿”，在七里坪战斗中负伤。

1932年10月，曾中生随红四方面军主力撤离鄂豫皖苏区，12月任西北革命军军事委员会参谋长，参加创建川陕苏区的斗争。在此期间，虽处境艰难，但他仍致力于加强部队军事训练，注重军事理论研究，系统地总结红四方面军反“围剿”作战经验。

1933年9月，曾中生被张国焘以“右派首领”等罪名逮捕并长期监禁。1935年8月被秘密杀害于四川西北部的卓克基，时年35岁。1945年在党的七大上，党中央为曾中生平反昭雪。

曾中生用他毕生的革命实践为我们树立了一个对党赤胆忠心、兢兢业业工作，并敢于对违背党的方针、政策的错误行为进行严肃批评和坚决斗争的共产党员的光辉形象，他为中国革命事业和人民军队建设创立的丰功伟绩必将彪炳史册！1989年，曾中生被中央军委评为中国人民解放军33位军事家之一。

刘畴西
威震敌胆的“独臂将军”

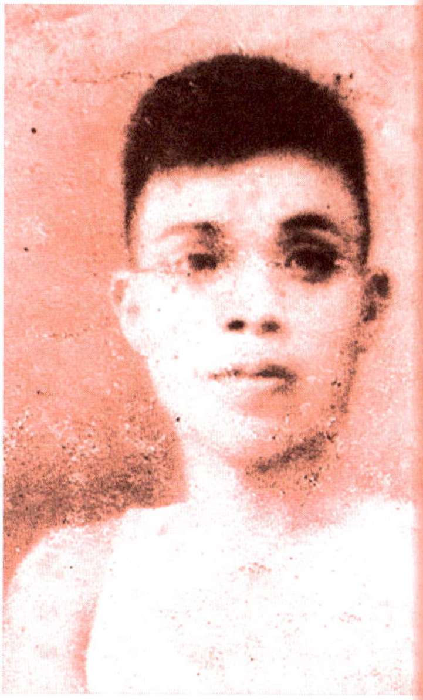

“‘脖子伸硬些，挨它一刀，临难无苟免！’那个在征剿革命叛逆的东征战役中，被打残了一只左手的独臂将军田寿说。他说时，用劲地伸出他的脖子，做个真像有一个刽子手持刀向他脖子上砍下去的样儿。”这是方志敏烈士在他的狱中遗著《可爱的中国》一书中记述的战友田寿的事迹。田寿就是被誉为“独臂将军”的刘畴西。在战场上，他是冲锋陷阵的英雄；在监牢里，他是铁骨铮铮的汉子。

刘畴西（1897—1935），湖南省长沙市望城区人。1920 年考入湖南省立第一师范学校，同年加入中国社会主义青年团。1922 年加入中国共产党。1924 年 5 月考入黄埔军校第一期，曾参加平定广州商团叛乱。同年 11 月毕业后，任教导一团 3 连党代表。

1925 年，刘畴西在参加讨伐陈炯明的东征中负重伤，截去了左臂。1927 年夏，任国民革命军第十一军二十四师参谋，参加南昌起义，后任营长、团参谋长。1929 年初赴苏联，入伏龙芝军事学院学习。1930 年 8 月回国，被派往中央革命根据地。

1930 年冬，在第一次反“围剿”作战中，红一方面军在龙冈设伏，担任正面阻击任务的红三军第八师师长龙芝道阵亡，红军总部立即命令刘畴西接替指挥。刘畴西率红八师于东韶拦腰截住敌人，对保证战斗胜利起到了重要作用。红军总部表彰红八师“追如猛虎，守如泰山”。后刘畴西率部参加第二、第三次反“围剿”。刘畴西英勇善战，指挥若定，屡建奇功，被中央根据地人民誉为威震敌胆的“独臂将军”。

不久，刘畴西调至瑞金中央军事政治学校任政治部主任，为红军培养了大批军政干部。1932 年 7 月，调任红二十一军军长，率部转战闽赣边区，开展游击战争，配合中央根据地第四次反“围剿”作战。

1933 年，刘畴西任闽浙赣军区司令员兼红军新编第十军军长，闽浙赣苏维埃政府执行委员，率领闽浙赣根据地军民全力支援中央根据地的第五次反“围剿”斗争。他曾被选为中华苏维埃共和国中央执行委员，并获中革军委授予的二等红星奖章。

1934 年 7 月，中央决定由寻淮洲率领的红七军团组成北上抗日先遣队。11 月，红七军团与刘畴西、方志敏率领的红十军会师，两军合编为红十军团，仍作为北上抗日先遣队，刘畴西任军团长兼第二十师师长。

同年 12 月，红十军团在浙赣边界的怀玉山区被国民党军包围。刘畴西率部反复冲杀，浴血奋战，仅有的右臂也被敌人打伤，终未能突出重围，于 1935 年 1 月被俘。狱中他坚贞不屈，同敌人进行了坚决的斗争。刘畴西对难友们说：“脖子伸硬些，挨它一刀，临难无苟免！”1935 年 8 月 6 日，刘畴西在江西南昌英勇就义，时年 38 岁。

刘畴西壮烈牺牲了，但他的浩然正气与世长存。他坚定的革命信仰、英勇无畏的牺牲精神，永远是激励我们民族奋发图强的精神动力。

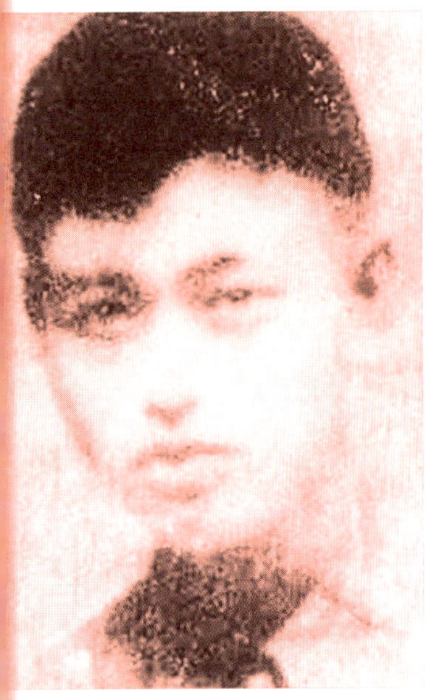

蔡会文
餐风饮露志如虹

“血染遍山红，士气豪雄。餐风饮露志如虹，倦卧茅丛石作枕，若醉春风。”这是蔡会文1935年3月在突围途中写下的脍炙人口的诗句，也是他革命生涯的真实写照。1936年初，在掩护部队冲出敌人包围的战斗中，蔡会文不幸负伤被捕。敌人残忍地割断他的喉管，鲜血喷涌而出。28岁的蔡会文尽管只能以草根、树叶充饥，但仍然拥有激情万丈的革命豪情。

蔡会文（1908—1936），湖南省株洲市攸县人。1925年考入长沙长郡中学，在校期间参加爱国学生运动，开始接受马克思主义。1926年3月加入中国共产主义青年团，同年夏转为中国共产党党员。

1927年2月，蔡会文被选入湖南省总工会和省农民协会合办的工农自卫军干部训练队学习。马日事变后遭通缉转往武汉，7月入武昌国民革命军第二方面军总指挥部警卫团，任第1营1连党代表。同年9月参加湘赣边界秋收起义，任工农革命军第一军一师一团1营1连党代表，随部队上井冈山，参加开辟井冈山革命根据地的斗争。后任中国工农红军第四军第三十一团机枪连党代表、教导队党代表。

1929年2月，蔡会文率部随红四军转战赣南、闽西，不久升任红四军第三纵队第一支队政委。同年12月，出席古田会议。1930年8月任红一军团第三军政委，与军长黄公略率部参加中央革命根据地第一、第二、第三次反“围剿”。第三军在第一次反“围剿”中活捉张辉瓒，毛泽东曾赋诗赞扬。

1932年1月，蔡会文任江西省军区政治部主任，同年10月任湘赣省军区总指挥、总政委兼红八军政委，同时任中共湘赣省委执行委员。1933年春，蔡会文与军长萧克指挥红八军参加湘赣革命根据地第四次反“围剿”作战，连战连捷。同年6月，任红六军团十七师政委。1934年任粤赣军区司令员，10月中央红军主力长征前，被任命为赣南省委委员、省军区司令员，与项英、陈毅一起留在中央苏区坚持斗争。

1936年初，蔡会文在率部转战途中与国民党军遭遇，陷入重围，突围时身中数弹，伤重被俘。敌人妄图从重伤的蔡会文口中得到党和游击队的重要情报，但遭到他的坚决拒绝和拼死抗争。敌人残忍地割断他的喉管，将他杀害。这位优秀的红军将领壮烈牺牲，年仅28岁。

“湖南人民参加革命的先驱者，是共产主义好战士。”这份保存在湘赣攸县苏区革命历史纪念馆、由国务院原副总理耿飚在蔡会文80周年诞辰之际亲笔题词的复制件，对蔡会文的一生进行了高度的评价和肯定。蔡会文一生奔走革命，为人民的解放事业真正做到了鞠躬尽瘁，死而后已。蔡会文用他28岁的生命谱写了一曲气贯长虹的信念之歌、理想之歌，他的精神将伴随着他用青春和鲜血灌溉的共产主义事业万古长青！

陈为人
用生命守卫中央文库的安全

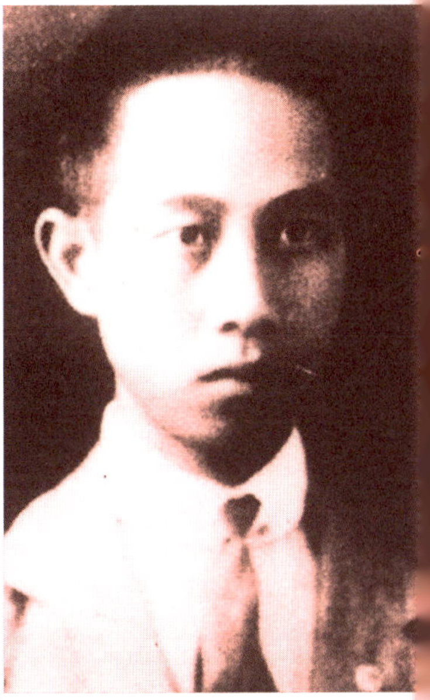

中央档案馆保存着一批中国共产党成立初期开展各领域斗争的原始档案，被誉为“比黄金还要珍贵的国宝”。从 1931 年中央文库建立到 1949 年上海解放，为了在敌人眼皮底下保护这批“中央一号机密”，几代地下工作者历经 18 年，付出了巨大的代价。其中，中国共产党早期党员和著名活动家、中国社会主义青年团创始人之一、湖南江华人陈为人为此献出了自己宝贵的生命。

陈为人（1899—1937），湖南省永州市江华瑶族自治县人。1918 年进入湖南衡阳省立第三师范学习，五四运动时期成为湘南学联成员。

五四运动后，陈为人来到上海。在中国共产党上海早期组织的领导下，他与俞秀松、罗亦农、张太雷等人一起组织创建了中国社会主义青年团，并成为中国社会主义青年团的第一批团员。

1920 年冬，陈为人去苏俄学习。1921 年冬，他奉调回国，加入中国共产党，被派往北京铁路工会工作，担任中共北方职工运动委员会书记，在铁路工人中发展党员，建立党的组织。

1922年9月，陈为人奉李大钊的派遣到济南协助王尽美、邓恩铭等发展山东党的组织。1923年3月，陈为人受党中央委派去东北开展建党工作，同年6月出席党的第三次全国代表大会。

1924年1月，陈为人被调到中共上海区委执行委员会从事工人运动。同年12月，奉调北京任中共北方区委执行委员会组织部长兼职工委员会书记。

1927年5月，陈为人出席中共五大。会后，任中共顺直省委秘书长兼组织部长。党的八七会议后，党中央派他赴东北传达会议精神，并筹组中共满洲省委，同年10月任大革命失败后第一任中共满洲省委书记兼宣传部部长。

1928年12月和1931年春，陈为人在沈阳和上海两次被捕入狱，在狱中他忠贞不屈，坚守党的秘密，组建狱中党支部，领导狱中同志坚持斗争，后经党组织营救出狱。

1932年下半年，在白色恐怖极为严重的形势下，中共中央领导机关从上海迁往中央苏区。陈为人和妻子韩慧英（党的地下交通员）奉党中央指示留在上海，负责中央文库的管理工作。他对妻子说："我们受党的委托，定以生命相护。"他和妻子以开设湘绣店为掩护，白天扮成商人，晚上关起店门，在密室里通宵达旦地整理文件档案。为了不引起敌人的注意，他们不得不常常搬家。长期的奔波劳碌、生活的艰险困苦和两次入狱的折磨，使陈为人染上了严重的肺结核，经常咳血不止，但是他以顽强的革命意志克服重重困难，用生命保卫了中央文库的安全，最后把中央文库大量党的机密档案和珍贵历史文献全部完整、安全地交给了党。

1937 年 3 月 12 日晚上，年仅 38 岁的陈为人走完了战斗一生的旅程。1945 年党的七大会议期间，中共中央追认他为革命烈士。陈为人用青春和热血铸就了光辉的历史，在中国人民心中树起了一座伟岸的丰碑。

谢　嵩
中国工农红军的一员“虎将”

“在长征中，无论情况多么艰难、紧急、险恶，谢嵩团长总是十分沉着冷静，应付自如，表现出优秀的指挥才干。谢嵩同志作战勇敢，能打硬仗，在全军团是闻名的。他是我军优秀的指挥员、坚定的共产主义战士，作战勇敢，不怕困难，团结同志，以身作则，有许多优秀品质值得我们学习。”这是长征中任红十二团特派员的方正平中将对谢嵩的深情回忆。

谢嵩（1903—1938），又名谢晓云，湖南省邵阳市邵东县人，中国工农红军将领。谢嵩曾当过学徒、染工。1924年入湘军当兵，1928年7月参加平江起义，同年秋加入中国共产党。

1930年起，谢嵩先后任中国工农红军第五军特务大队大队长、红七军十九师五十五团团长、江西省军区赣县模范团团长、红三军团四师十二团团长，参加了中央苏区历次反“围剿”。

在第五次反“围剿”的大洋嶂战斗中，谢嵩亲临前线，指挥部队与十倍于己的敌人展开殊死拼杀，多次打退敌人的进攻，并缴获大批武器和军用物资。战后，红三军团政治部授予十二团5

连“以少胜多、顽强防御模范红五连”的锦旗。谢嵩作战勇敢，指挥机敏果断，处处身先士卒，在战斗中曾5次负伤。1934年8月1日，中央革命军事委员会授予他三等红星奖章。

1934年10月，中央红军开始长征，为了牵制敌人兵力，减少中央红军北上的阻力，谢嵩奉命率十二团向广东方向进发。待主力部队安全转移、达到诱敌的目的之后，他又率部巧妙地甩掉敌人，迅速赶上主力部队。长征途中，谢嵩多次率部担负主攻任务，渡赤水河，占娄山关，屡建战功。到陕北后，谢嵩任陕甘省军事部参谋长，参与组建红二十九军的工作，先后任红二十九军副军长兼参谋长、代军长、军长，率部坚持陕北地区的军事斗争，配合东征、西征等战役，胜利完成了任务，受到毛泽东、周恩来的高度赞扬。1937年1月，谢嵩进入抗日军政大学学习。

全面抗日战争爆发后，谢嵩被派到山西，任战地总动员委员会武装部作战科科长，游击第一路纵队司令员。1937年底，谢嵩在赴延安汇报工作的途中因车祸负重伤，翌年初在陕西绥德牺牲，时年35岁。

谢嵩将整个身心都倾注给了革命事业，都奉献给了苏区建设。他虽然走了，但他那高大的身影是将永远在人们的记忆力鲜活。

邓永耀
身先士卒抗日寇

抗日战争期间，八路军一二九师政治部在纪念抗日战争3周年时编印了一本《烈士传》，其中有一位烈士被刘伯承师长在序文中称赞是“伟大的革命者，为了中华民族的解放，牺牲了自己的一切”——他就是最年轻的湘籍抗日英烈邓永耀。在湘东山区的茶陵县，邓永耀这个骁勇善战的八路军将领与日寇英勇斗争的英雄事迹被广为传颂。

邓永耀（1912—1939），又名邓永辉，湖南省株洲市茶陵县人。邓永耀家庭生活贫苦，父母因病去世，他很小就成了孤儿。

1927年马日事变后，邓永耀在共产党员邓有禹的启迪下，开始从事革命活动。1928年加入中国共产主义青年团。1930年加入中国共产党。1931年，在共青团茶陵县代表大会上，当选为秘书长，后任茶陵县苏维埃政府总务处长。1933年参加红军，曾任军团政治部文书、总务处处长、军团宣传队队长、军政治部宣传部长等职。

1934年8月，邓永耀随红六军团西征。1936年7月，红二方面军与红四方面军在甘孜会合，他随萧克调到红四方面军工作，任师政治部主任。在长征中，邓永耀注重在部队及群众中宣传鼓动，注重社会调查，注重扩大新兵，对敌斗争坚决勇敢。

全国抗日战争爆发后，邓永耀调任八路军第一二九师骑兵团政治委员，率部转战冀南一带，为开辟冀南抗日根据地作出了重要贡献。在刚进入冀南的战斗中，他带领400名新兵，击退了由40多辆汽车运载的日寇，从此以骁勇善战著称。之后他调任冀南第五支队政治委员，率部转战于武邑、阜城、枣强一带，粉碎了日、伪军多次“扫荡”。

1939年初，邓永耀调任第一二九师东进纵队政治部主任。3月在一次与日军的遭遇战中，邓永耀不幸头部和腿部中弹，昏倒在地。苏醒后，他敦促战士赶快将敌人引入伏击圈，并举枪向敌人射击。最终，他因流血过多牺牲，时年27岁。

邓永耀牺牲后，《新华日报》(华北版)于1939年4月11日刊载了《纪念邓永耀同志》一文，对他的抗日功绩给予了高度评价。武邑县军政民各界在他的墓前立碑记述：“邓公永耀先生，江南有志之士也……领导东纵驻军来武，以身作则，英勇杀敌先后数十役……武邑群众相见最切，相感最深。”2014年9月1日，邓永耀被列入民政部公布的第一批300名著名抗日英烈和英雄群体名录。

涂正坤
感天动地忠烈心

“敌人下毒手了，同志们快走！”1939 年 6 月 12 日下午 1 时，国民党顽固派军队秘密包围了平江新四军通讯处，制造了震惊全国的平江惨案，涂正坤遭遇国民党士兵埋伏而身中数弹，为保护附近的战友，他高声喊出了这句话……这也是史料记载的涂正坤毕生中最后一句话。

涂正坤（1897—1939），湖南省平江县人。1925 年 5 月加入中国共产党，1927 年 9 月参加毛泽东领导的湘赣边界秋收起义。秋收起义军失利后，他带领参加起义的平江农民暴动队员转移到平江东部连云山一带打游击。1928 年 2 月，任中共平江第四区区委书记兼游击队党代表。

1928 年 7 月，涂正坤率游击队策应彭德怀、滕代远、黄公略等领导的平江起义，参与创建红五军和开辟湘鄂赣根据地的斗争，先后任平江县苏维埃政府执行委员、中共平江县委组织部部长、中共平江县委书记。1930 年 5 月，他率领全县游击队、赤卫队及工农群众10余万人，支援和配合红三军团攻打长沙。

1931年9月，涂正坤出席湘鄂赣边区第一次工农代表大会，当选为湘鄂赣省苏维埃政府执行委员、常务委员、财政部长，后曾代理湘鄂赣省政治保卫分局局长。1933年至1934年，他先后任中共湘鄂赣省委组织部部长和省军区修（水）铜（鼓）宜（丰）奉（新）边作战分区政委。

1934年10月，中央红军主力长征后，涂正坤受命留在湘赣边苏区，与傅秋涛等人率领红军游击队坚持了艰苦卓绝的3年游击战争。1937年2月，涂正坤任中共湘鄂赣省委书记、湘鄂赣人民抗日红军军事委员会委员。

七七事变爆发后，党中央派人到湘鄂赣省委，传达中央有关指示精神。涂正坤与傅秋涛按中央要求，同国民党军政当局进行谈判，建立了湘鄂赣苏区抗日民族统一战线。

1937年底，中央决定将湘鄂赣红军游击队编入新四军序列，由傅秋涛率领开赴江南抗日前线作战，湘鄂赣省委改为特委，涂正坤任特委书记，留在后方坚持斗争，并任新成立的新四军平江留守处（后改为通讯处）主任。

涂正坤坚决执行中央决定，同湘鄂赣特委和新四军平江留守处其他同志一道，全力投入湘鄂赣边区的抗日救亡斗争，他们一方面迅速整顿、恢复和发展党的组织，另一方面广泛宣传党的抗日民族统一战线主张，发动人民群众支援抗战、参加抗战。1939年1月，国民党五届五中全会确定了“溶共”“防共”和“限共”

的反动方针，各地接连发生袭击、杀害共产党领导的抗日军民的反共摩擦事件。1939年6月12日，国民党顽固派军队秘密包围平江新四军通讯处，制造了震惊全国的平江惨案，涂正坤在这次惨案中壮烈牺牲，时年42岁。

1939年8月1日，中共中央在延安召开追悼大会，沉痛追悼涂正坤等在平江惨案中牺牲的烈士。会场正中悬挂着中共中央的挽联："在国难中惹起内讧，江河不洗古今憾；于身危时犹明大义，天地能知忠烈心。"毛泽东、朱德、陈云、彭德怀等都送了挽联。毛泽东还在会上发表了《必须制裁反动派》的演说，对国民党方面公然枪杀涂正坤的罪恶行径进行严厉谴责。

斯人已去，精神长存。

郑作民
尽忠报国的抗日英雄

他，生为抗日，死为民族。“马革裹尸还万里，虎贲遗烈壮千秋”是对他光辉一生的高度评价。他就是抗日战争时期牺牲的湘籍高级将领——郑作民。

郑作民（1902—1940），别名振华、文贝、治新，湖南省永州市新田县人。郑作民自幼家境贫寒，父亲靠抬轿、挑煤炭、打短工挣钱供他读私塾、初小、高小，一直到甲种师范。

1924年，郑作民考入黄埔军校第一期，历任排长、连长、营长、团长、旅长等职。抗日战争全面爆发后，任国民革命军第二军第九师代理副师长。1938年晋升为师长。

1939年，郑作民升任第二军副军长兼九师师长，先后参加淞沪会战、徐州突围战等战役。

1940年1月，为配合杜聿明的第五军向日军强攻，收复昆仑关，郑作民奉命率部驰援南宁，到达广西昆仑关后，立即投入战斗，在其他部队的协助下，收复了昆仑关。

1940 年 2 月 22 日，日军凭借空中优势，攻占宾阳，严重威胁昆仑关。3 月 3 日，郑作民所部奉命撤退。他指挥部队对日军发起佯攻，以掩护部队转移，行至广西上林县时遭到日军战机轮番袭击。郑作民被炸弹击中牺牲，时年 38 岁。

郑作民牺牲后，中共中央在延安召开了追悼大会，毛泽东、周恩来、朱德分别题写挽词："尽忠报国""为国捐躯""取义成仁"。国民政府追赠其为陆军中将。1986 年，民政部追认郑作民为革命烈士。2014 年 9 月 1 日，郑作民被列入民政部公布的第一批 300 名著名抗日英烈和英雄群体名录。

张正坤
英勇不屈　坚决斗争

“不要再走了，花生米（子弹）哪里都可以吃，共产党人是不怕死的，共产党人也是杀不绝的，革命一定会胜利！”新四军第三支队司令员张正坤在牺牲前对敌人大义凛然地说道。这位我党著名的“游击专家”，戎马一生，在狱中因组织战友越狱被发现而牺牲。他一息尚存，战斗不止的精神体现了一位共产党员的铮铮铁骨。

张正坤（1898—1941），原名乐典，湖南省浏阳市人。1926年在家乡积极投身农民运动，后随北伐军北上。同年10月加入中国共产党。

1927年马日事变后，张正坤参加十万农军围攻长沙的战斗。1929年冬参加党领导的游击队。1930年任游击队浏北第一支队支队长，后任浏阳赤卫军特务连连长。

1931年3月，张正坤任湘鄂赣红军独立第一师3营营长。1933年初，任红十八军一五六团团长。1933年冬，被选为出席中华苏维埃共和国第二次全国代表大会代表，前往中央苏区。会后，张正坤留在中央苏区，进入红军大学学习。

1934 年 5 月，张正坤从红军大学学习结业后，调任红十八师五十三团团长，参加了第五次反“围剿”战斗。同年 8 月，随红六军团西征，参加创建湘鄂川黔根据地的斗争。1935 年 11 月，红二、六军团从湘西出发长征，张正坤率五十三团牵制敌军，掩护主力部队突围转移。长征中，他于 1936 年初任红十八师师长兼政委。

1937 年 8 月，张正坤受党派遣回到湖南，担任湘鄂赣人民抗日红军游击支队副司令员，不久任新四军第一支队第一团副团长。1938 年 5 月，随陈毅到苏南，参加开辟以茅山为中心的抗日根据地。

1940 年，陈毅率苏南主力渡过长江，建立苏北指挥部。张正坤奉命留在苏南坚持斗争。不久，江南新四军组编为 3 个新的支队，张正坤任第三支队司令员兼参谋长，转战江南，浴血抗战。

1941 年初，皖南事变爆发，张正坤在危急关头受命担任第三支队司令员，组织部队突围。他指挥部队同数倍于己的顽军激战七昼夜，终因寡不敌众，部队伤亡惨重，他在战斗中受重伤被俘。国民党顽军将张正坤作为要犯囚禁于江西上饶集中营七峰岩监狱，在狱中对他进行游说诱降、刑讯折磨和死亡威胁，但都丝毫没有动摇他的革命意志。他组织狱中被俘难友同敌人进行了坚决斗争。1941 年夏，张正坤组织被俘战友越狱，为掩护难友脱险，英勇牺牲，时年 43 岁。

捐躯赴国难，视死忽如归。张正坤用自己的鲜血和忠诚谱写了生命的赞歌，他的英名和功绩将永远闪耀在革命的史册上，铭刻在人们的记忆中。

郭陆顺
回民支队的好政委

抗日战争时期，在冀中平原上活跃着一支八路军主力野战部队——冀中军区回民支队。郭陆顺，就是这支回民支队的第一任政治委员，他把红军的优良传统和政治工作经验带到了这支回民支队。在他的努力下，这支部队威震冀中平原，有“攻无不克、无坚不摧、打不垮、拖不烂的铁军”之誉，给日军以沉重的打击，留下了许多佳话。

郭陆顺（1914—1942），湖南省浏阳市人。1926 年北伐军攻入湖南时，革命运动风起云涌，广大农民在中国共产党的领导下成立农民协会，组织自卫军，郭陆顺参加了农民协会，担任乡儿童团团长。

1927 年春，郭陆顺参加中国共产主义青年团。马日事变后，国民党反动派大批屠杀共产党员和革命群众，郭陆顺毅然加入中国共产党，任浏阳市丰裕乡共青团团委书记。

1929 年冬，郭陆顺参加由张正坤、王震率领的浏阳游击一支队，后编入红六军团。在湘鄂赣和湘鄂川黔革命根据地的 5 年中，郭陆顺历任司号员、通讯员、班长、排长、连指导员、营政委。1934 年 10 月，他随军转移到湘鄂川黔根据地。1935 年，调到红二军团，参加了长征。

全国抗战爆发后，郭陆顺任第一二〇师三五九旅团政治处主任，参加创建晋西北根据地工作。1939 年，任八路军第三纵队回民支队政治委员，与马本斋一起，率部转战冀中平原，回民支队发展到 2500 余人。

1940 年 8 月，在冀中军区的统一指挥下，郭陆顺和马本斋率领回民支队积极投入到百团大战。11 月中旬，回民支队在八路军一部的配合下对深泽县城进行了围攻，连续激战 4 个昼夜，毙伤敌 100 多人。

1941 年初，日本侵略者对冀中地区采取分割封锁、逐步“蚕食”的政策。马本斋、郭陆顺率回民支队在大清河两岸开展交通破坏战。同年夏，郭陆顺和马本斋奉命率回民支队回师东进。经过一年多的连续作战，马本斋、郭陆顺领导的这支抗日队伍转战整个冀中，有了很大的发展。

1942 年，日、伪军出动 5 万余人对冀中进行大“扫荡”。4 月 27 日，回民支队在献县高官村以东阻击由泊镇向深（县）武（强）饶（阳）增援的敌人，歼敌 300 余人。临近战斗结束，郭陆顺在阵地前沿用望远镜观察敌情，被敌人的流弹击中头部牺牲，时年 28 岁。

郭陆顺牺牲的消息传回回民支队，全体指战员为之恸哭。冀中军区司令员吕正操这样评价道："回民支队不仅是党团结回民抗日的旗帜，也是回汉团结抗日的旗帜，郭陆顺是模范政治委员。"冀中军区回民支队司令员马本斋也动情地说："陆顺同志是我们的好政委，他为回民支队立下了汗马功劳！"

谢翰文
党的宣传家

“深刻研究马列主义原则，不断地创造新的宣传方式与方法，把自己锻炼成为党的宣传家。”这是抗日战争时期，八路军总后勤部政治部主任谢翰文在离开中国人民抗日军政大学奔赴前线时，给“抗大”文工团长牛克伦的赠言，这也是他参加革命奋斗一生的真实写照。这位优秀的“党的宣传家”，为保护党的机密文件重回日军包围圈，不幸落于敌手，英勇就义。

谢翰文（1904—1942），又名汉文，号鸿锡，湖南省衡阳市耒阳县人。1919 年，考入县高等小学，毕业后又以优异的成绩考入衡阳新民中学。读书期间，积极阅读进步书刊，逐渐萌生了改造社会的理想。1925 年，从新民中学毕业返乡，立即投身于耒阳的革命活动，参加了共青团组织。1926 年加入中国共产党。

1927 年 5 月，马日事变爆发，谢翰文只身潜入衡耒边界的桐子山地区，开展秘密革命活动。1928 年 2 月，朱德率工农革命军第一师攻占耒阳县城，谢翰文被任命为耒阳县苏维埃政府特派员，负责领导桐子山地区农民起义的武装斗争。3 月，他随朱德向井冈山转移，不久被调到红四军第二十八团任书记官。

1929年后，谢翰文任红五军第四纵队党代表、红三军团秘书长、第三师政治委员、红三军团政治部宣传部部长，参加了中央革命根据地第一次至第五次反“围剿”。1934年10月，参加中央红军主力长征，途中编写了许多行军快板，鼓舞了部队士气。1935年9月，红一方面军胜利到达哈达铺，被改编为陕甘支队，谢翰文被调到西北红军大学担任校务处长。1937年1月，西北红军大学改名为中国人民抗日军政大学，他被任命为学员13队队长，后又调校部任政治宣传科科长。

1939年，庆祝“抗大”成立3周年时，谢翰文负责举办的“抗大成绩展览会”共陈列3000多种展品，得到毛泽东、朱德等中央领导同志的好评。同年，他被评选为“全校先进政治工作者”。1941年初，谢翰文任八路军总后勤部政治部主任。

1942年5月，日军对华北的冀中、太行、太岳、晋西北等抗日根据地进行拉网大“扫荡”，八路军总部决定实行战略转移。在5月25日的突围中，谢翰文在冲出重围后，发现携带着党的机密文件的妻子未能突围，于是又冲入敌人的包围圈，不幸与妻子双双被俘。面对日军的严刑拷打，他坚贞不屈，最后被日军秘密杀害，时年38岁。

“天地英雄气，千秋尚凛然。”谢翰文，用自己的鲜血保卫党的秘密，谱写了一曲荡气回肠的英雄赞歌。

左　权
愿拼热血卫吾华

他“受过中外长期的军事教育，经历对内对外的丰富战场生活”，是“有理论修养，同时有实践经验的军事家”，是“中国军事界不可多得的人才”，是八路军在抗日战场上牺牲的最高指挥员。他是左权。这位中国工农红军和八路军高级指挥员、著名军事家，把一生都献给了祖国、献给了民族解放事业。

左权（1905—1942），原名左纪权，幼名自林，号叔仁，湖南省醴陵市人，无产阶级革命家、军事家，八路军高级将领。左权中学时代参加中国共产党领导的社会科学研究会，开始接触马克思主义。

1924 年 3 月，左权入读广州陆军讲武学校，1924 年 9 月转入黄埔军校第一期学习，是“青年军人联合会”负责人之一。1925 年由陈赓介绍、周恩来批准加入中国共产党，后在黄埔军校教导团任排长、连长，参加讨伐军阀陈炯明的两次东征。同年 12 月赴苏联学习。

在苏联期间，左权先是在莫斯科中山大学学习，1927 年转入伏龙芝军事学院深造。1930 年回国后到中央苏区工作，先后任中国工农红军军官学校第一分校教育长、新十二军军长。

1931 年 12 月，左权奉命参与联络指导国民党军第二十六路军举行宁都起义。起义部队改编为红五军团后，任红五军团十五军政治委员，后任军长兼政治委员。1933 年后，任中央革命军事委员会第一局局长、红一军团参谋长，参加了中央苏区历次反“围剿”作战。

1934 年 10 月，左权参加长征，参与指挥抢渡大渡河、攻打腊子口等战斗。1936 年，任红一军团代理军团长，率部西征并参与指挥山城堡战役。

全国抗战爆发后，左权任八路军副参谋长、八路军前方总指挥部参谋长，后兼八路军第二纵队司令员。1940 年秋，协助彭德怀指挥著名的百团大战。1941 年 11 月，指挥八路军总部特务团进行黄崖洞保卫战，经 8 昼夜激战，以较小的代价歼敌千余人，被中央军委称为“‘反扫荡’的模范战斗”。其高超的指挥艺术、严密细致的参谋业务、扎实的工作作风受到朱德、彭德怀的赞扬。

左权是一个有理论修养同时有实践经验的军事家。从 1939 年至 1941 年，他撰写了《论坚持华北抗战》《埋伏战术》《袭击战术》《战术问题》《论军事思想的原理》等文章 40 余篇。左权为创建并巩固华北抗日根据地，发展壮大人民抗日武装，为八路军的全面建设，建立了不朽的功勋。

1942 年 5 月，日军对太行抗日根据地实行“铁壁合围”大“扫荡”。25 日，左权在山西省辽县麻田附近指挥部队掩护中共中央北方局和八路军总部等机关突围转移时，在十字岭战斗中壮烈牺牲，年仅 37 岁。

左权是八路军在抗日战场上牺牲的最高指挥员，延安和太行山根据地为左权举行了追悼会。周恩来称他为“足以为党之模范”。朱德赞誉他是“中国军事界不可多得的人才”，并赋诗悼念：“名将以身殉国家，愿拼热血卫吾华。太行浩气传千古，留得清漳吐血花。”1942 年 10 月，彭德怀撰写并手书《左权同志碑铭》。为纪念左权，晋冀鲁豫边区政府将辽县改名为左权县。2009 年，左权被评选为“100 位为新中国成立作出突出贡献的英雄模范人物”。

黄君珏
太行女杰　宁死不屈

从学生运动的领袖到一名情报工作者，再到太行根据地文化事业的初创人员，黄君珏——这位女共产党员的杰出代表，面对敌人的重重包围，毅然跳下悬崖，以身殉国。而这一天，正是她30岁的生日。

黄君珏（1912—1942），原名黄维祐，湖南省湘潭县人。1927年加入共产主义青年团，在长沙从事妇女工作。马日事变后，面对严重的白色恐怖，黄君珏离开长沙，只身来到上海，转入上海中学学习，继续从事革命工作，后就读于复旦大学经济系。在校期间，她积极参加抗日救国运动，被选为学生会委员，曾组织领导复旦学生到南京请愿和营救被捕学生的运动。1930年，加入中国共产党。

1934年，黄君珏参加了远东情报局的工作。远东情报局是第三国际派驻上海的秘密情报工作机构，主要搜集国民党政府和日本帝国主义的军事、政治、经济、外交等各种情报。黄君珏机智勇敢、胆大心细，工作很有成效，受到情报局领导人的信任和器重。

1935年，由于叛徒出卖，该组织被破坏。黄君珏机警地掩护另外两名同志脱险后，自己却不幸被捕，被判7年徒刑。1937年全国抗战爆发后，国共两党第二次合作，八路军武汉办事处将黄君珏保释出狱。在党组织的安排下，黄君珏回到长沙开展抗日救亡工作，领导筹办了一所难民妇女工厂，这家工厂成了流亡妇女的避难所，为抗日救亡作出了贡献。

1939年，黄君珏被派到太行根据地工作，先后在太行文化教育出版社、华北《新华日报》社任总会计兼管委会秘书、主任等职。1942年，华北新华书店成立，黄君珏兼任审计室主任，为华北新华书店起草制定财务管理制度和经济核算制度。为了便于工作，她将出生才3天的独生子送到老乡家寄养，从此孩子再也没有见过自己的母亲。

1942年5月，日军对太行山根据地发动残酷的“五月大扫荡”。3万多敌人实行所谓“铁壁合围”战术，用数十架飞机配合，作梳篦式的扫荡，妄图消灭太行山根据地。黄君珏和华北新华书店的同志在转移途中与敌遭遇，经过战斗后化整为零，分散隐蔽。

6月2日，又有几个同志被日军发现，不幸牺牲。黄君珏和两个女同志隐蔽在辽县庄子岭的一个山洞里，被日军包围。狡猾的敌人不敢进洞搜索，却在洞口架柴放火，浓烟顿时弥漫了整个山洞。危急关头，黄君珏毅然冲出洞口，举枪打死了两个敌人，然后飞身跳下悬崖，壮烈牺牲。

黄君珏牺牲前曾说："我们决不当俘虏。我有一支枪，三发子弹，起码打死两个鬼子。"她实现了自己的诺言，用鲜血抒写了"为有牺牲多壮志，敢教日月换新天"的精神。为了追悼在这次反"扫荡"中牺牲的烈士，1942年"九一八"纪念日那天，八路军总部举行了公葬，并召开了追悼大会。同年11月，重庆《新华日报》刊载了《新中国的女战士黄君珏喋血太行》一文，并配发了《为祖国流血，悼黄君珏女士殉国》的短评。1981年，中华人民共和国民政部追认黄君珏为革命烈士。

吴师孟
白手起家创办兵工厂

在抗日战争时期，为了保证部队枪支弹药的供给，有一位英雄在艰苦的条件下白手起家，领导建立兵工厂，造枪造炮供应前线，最终积劳成疾病故。他就是时任新四军第二师军工部部长吴师孟。为了党和人民的事业，吴师孟殚精竭虑，用生命诠释了一名优秀共产党员的崇高风范。

吴师孟（1899—1942），原名吴初生、吴思孟，湖南省岳阳市平江县人。由于家里贫困，吴师孟一直到15岁才入读私塾，读了一年半后，因为父亲生病，又不得不辍学。

1927年，吴师孟参加农民自卫队，同年加入中国共产党。1928年2月，“湖南工农革命军平（江）湘（阴）岳（阳）游击总队”成立，吴师孟被编入5大队担任班长。3月，吴师孟自告奋勇担任敢死队队员，参加“三月扑城”的战斗。6月，“平湘岳游击总队”改编为“平江工农革命军游击司令部”，吴师孟在2营4连担任排长。

平江起义后，吴师孟被编入红五军第一纵队担任排长。1930年，红五军回师湘鄂赣边区，吴师孟帮助重建平江革命武装，编入湘鄂赣独立师。不久，独立师改编为红十六军，吴师孟任红十六军会计科长，后又被提拔为军经理处处长。任务虽然繁重，但他每个月都很好地完成了账务工作，物资分发及时到位，多次受到军首长的表扬。

1933年4月，红十六军在攻打万载株木桥时，吴师孟因掩护辎重物资转移，不幸负伤被俘。他忍受敌人的严刑拷打，后被组织营救出狱，在鄂赣边坚持游击战斗。

1938年1月，新四军军部在南昌成立，决定把湘鄂赣人民抗日游击队改编为国民革命军陆军新编第四军第一支队第一团，吴师孟担任该团军需主任，奉命举办军需训练班，一共办了6期，培养了一大批军需人才。1939年春，吴师孟任新四军第一支队军需主任。当时物资、经费异常缺乏，他精打细算，节流开源，保证了部队物资经费的正常供应。

1941年1月4日，新四军皖南部队9000多人行至泾县时，被国民党军队围困。连日紧张战斗后，部队的干粮吃完，战士们两三天粒米未进。吴师孟主动请缨，带了几名战士突破敌人的重重封锁，每个人背了一大包牛肉回来，补充了战士们的体力。经过浴血奋战，吴师孟和极少数战友突破了敌人的重重包围，到达了江北抗日根据地。

皖南事变发生后不久，新四军第二师建立军工部，吴师孟调任军工部部长。9月，吴师孟率军工模范吴运铎等到达淮南，在高邮县金沟区平安乡（今属江苏省金湖县）白手起家，筹建兵工厂，由吴运铎任厂长。没有原料，他们就到乡下收集木炭、废铜烂铁、刮土硝等，没有厂房，他们就利用老百姓的房子，终于建立了一个拥有150多名工人的兵工厂，开始制造子弹、手榴弹、迫击炮弹。兵工厂月产子弹2500发、手榴弹600枚、迫击炮弹66发，保证了部队枪支弹药的及时补充，有力地打击了日本侵略者。为此，吴师孟、吴运铎受到中央军委和军部的嘉奖。

由于多年辛劳奔波，吴师孟积劳成疾，得了严重的肺病，不幸于1942年8月在安徽盱眙县（今属江苏）病故，时年43岁。新四军第二师召开追悼会，由新四军副军长张云逸致悼词，高度评价了吴师孟为抗日救国所作出的巨大贡献。

毛泽民
坚贞不屈的“红色大管家”

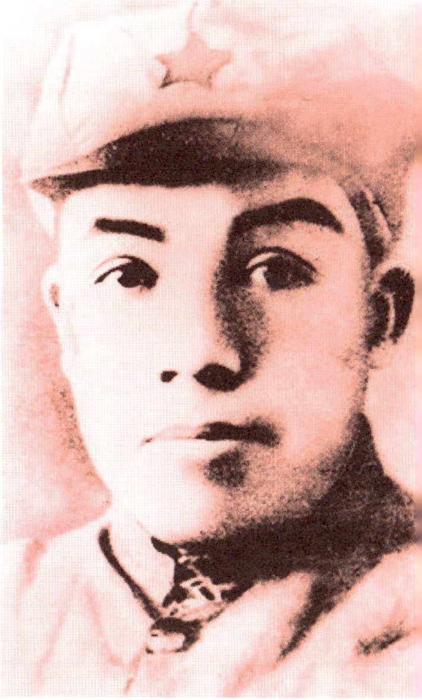

他是中央苏区“大管家”、红色金融家、中国共产党卓越的财经工作领导人，他把宝贵的生命奉献给了中国人民壮丽的解放事业，天山脚下苍松翠柏环绕之处，是他长眠所在，他就是毛泽东的弟弟——毛泽民。

毛泽民（1896—1943），湖南省韶山市人。1921年参加革命，很快就加入了中国共产党。1925年2月，他随兄长毛泽东到湘潭、湘乡开展农民运动，同年9月进广州农民运动讲习所学习。随后，毛泽民辗转上海、武汉、天津等地，从事党的秘密工作。

1931年初，毛泽民进入中央革命根据地，任闽粤赣军区经济部部长。1931年，任中华苏维埃共和国临时中央政府银行行长，他在短时间内解决了金融人才严重缺乏、没有准备金、苏区内多种货币混乱流通等困难和问题。在任期间，毛泽民在中央苏区是廉洁自律的模范。他从不搞特殊，就连他的兄长、临时中央政府主席毛泽东前来视察时，他也绝对不用公费招待，有时仅是招待一杯白开水而已。

1933 年 5 月，毛泽民兼任闽赣省苏维埃政府财政部部长。1934 年 9 月，兼任国家对外贸易总局局长，领导苏区银行、财政、贸易、工矿等经济工作。1934 年 10 月，红军被迫长征，苏维埃中央政府财政部和国家银行组成第十五大队，毛泽民任大队长兼没收征集委员会副主任、先遣团副团长、总供给部副部长。当时，红军称十五大队为“扁担上的国家银行”。第十五大队在长征中解决了运输、打土豪、筹粮筹款、保障供给等艰巨任务。1936 年 2 月，毛泽民任中华苏维埃工农民主政府国民经济部长。

毛泽民长期执掌财政大权，一直保持廉洁奉公的高贵品格，他常说：“不能乱花一个铜板，领导干部要带头艰苦奋斗。我们是为工农管钱，为红军理财的，一定要勤俭节约！”

全国抗战爆发后，1938 年 2 月，受党中央派遣，毛泽民化名周彬，与陈潭秋等同志到新疆做统战工作，先后出任新疆省财政厅厅长、民政厅厅长等职。令人痛心的是，1942 年新疆军阀盛世才在新疆捕杀共产党人，9 月 17 日毛泽民和陈潭秋等共产党员被反动军阀盛世才逮捕。

在狱中，敌人对毛泽民等软硬兼施，严刑审讯，逼他招认中国共产党在新疆搞“暴动”的所谓阴谋，逼他脱离共产党，交出共产党的组织。毛泽民等坚贞不屈，视死如归，坚定地回答：“决不脱离党，共产党员有他的气节。”“我不能放弃共产主义立场！”1943年9月27日，毛泽民被敌人秘密杀害，时年47岁。

毛泽民牺牲前，曾对他的战友说：“如果你以后有机会回延安，请转告毛泽东同志：‘我毛泽民无愧于是一个中国共产党党员，无愧于是毛泽东的弟弟，也无愧于是毛泽覃的哥哥！’”

毛泽民是一位杰出的无产阶级革命家、中国共产党早期财经工作的开拓者和领导人，他的英勇事迹将永远铭刻在历史的丰碑上。2009年，毛泽民被评为“100位为新中国成立作出突出贡献的英雄模范人物”。

彭士量
用生命守卫河山

彭士量是常德会战中牺牲的第一位将军。为了家国免受侵害，他在遗嘱中毅然表态："当与我全体官兵同胞与阵地共存亡之决心，歼灭倭寇以保国土。"英烈的浩然正气，与世长存。

彭士量（1904—1943），号秋湖，湖南省浏阳市人。1924年，考入湖北省明德大学。1926年，投笔从戎，考入黄埔军校第四期。同年毕业后，分配到国民革命军第四军第十师。在北伐战争中英勇善战，胆识过人，历任排长、连长、营长、副团长等职。

1932年，彭士量考入陆军大学第十一期学习，1935年12月升任第八十三师参谋处处长。不久，彭士量任预备第四师参谋长、副师长等职。

1937年抗日战争全面爆发后，彭士量率部先后参加淞沪会战、太原会战、徐州会战、武汉会战、第一次长沙会战。

彭士量将军殉国处

1941 年，彭士量任第六战区司令长官部高级参谋兼干训团教育处长。1942 年底，任陆军第七十三军暂编第五师副师长，率部参加了第三次长沙会战。

1943 年，彭士量任暂编五师师长。11 月，日军为牵制中国军队在滇西的攻势，发起常德会战，打击中国军队的士气，暂编五师奉命坚守石门，阻止日军从西向常德包抄。

8 日，日军第三师团、第十三师团在飞机、大炮的掩护下向石门发起猛攻，暂编五师在彭士量的指挥下浴血奋战，所部官兵坚守 8 个昼夜，伤亡惨重。

15 日拂晓，当掩护第七十三军撤退任务完成后，暂编五师奉命撤出石门，在岩门口遭遇日寇的阻击，彭士量指挥部队奋力回击。在组织部队渡渫水河时，彭士量不幸被敌机机枪击中要害，身受重伤。临终之前，他对属下高呼：“大丈夫为国家尽忠，为民族尽孝，死何憾焉！”牺牲时，年仅39岁。

彭士量用生命守卫河山，用血肉铸就长城，他捍卫了国家的神圣领土，鼓舞了全国军民抗战的信心，为中华民族的子孙后代树立了光辉的榜样。1985年，民政部追认彭士量为革命烈士。他是首批入驻中国人民抗日战争纪念馆和湖南革命烈士纪念塔的国民党军抗日将领。南岳忠烈祠有彭士量烈士的纪念碑、遗书和墓地。2014年9月1日，彭士量被列入民政部公布的第一批300名著名抗日英烈和英雄群体名录。2015年12月，湖南省石门县政府为纪念彭士量烈士，在石门县岩门口为彭士量将军修建了名为“彭士量将军殉国处”的纪念碑。

吕旃蒙
孤军抗日寇

“三年戎幕步亦趋，练兵作战犹依稀。铁佛寺内初分手，漓江桥断永诀离。德智沙场戮倭寇，血战征程染红霞……”1985年，为纪念抗日战争胜利40周年，桂林保卫战的幸存者覃泽文写下《悼吕旃蒙》。该诗高度赞扬了吕旃蒙将军与敌人血战到底的英雄气概和他抗日爱国的赤诚之心。

吕旃蒙（1905—1944），原名大乙，号伯民，湖南省永州市冷水滩区人。吕旃蒙的祖父和父亲都习文尚武，以武艺高超著称乡里。在祖父和父亲的培养下，吕旃蒙也能文善武。吕旃蒙黄埔军校第5期毕业后，历任排长、连长、营长、团长等职。

1935年，吕旃蒙被派到陆军大学第十三期将官班深造，与陈明仁是同期同学，毕业后调到陈明仁为师长的第二预备师任参谋长。抗日战争全面爆发后，先后担任陆军军官学校总队副、预备第二师参谋长。1939年，任第四战区长官部少将高级参谋。1942年调任第三十一军参谋长，随部队驻防靖西、龙州、凭祥一带。

1944年8月，衡阳陷落后，日军为了打通西南交通线，威胁重庆，再次纠集兵力，于是年10月下旬出动9个师团、11万余众，气势汹汹地从湖南、广东及越南3个方向向广西进攻。桂（林）柳（州）会战由此开始。1944年11月初，日军集结重兵攻打桂林外围守军各阵地，并在战斗中施放毒气，以坦克掩护进攻，使固守外围阵地的守军伤亡惨重。经过两天两夜的激战，外围阵地被日军占领。11月9日晚，全城大部分落入敌手，指挥所也陷入重围。吕旃蒙集结剩余部队向西突围，奋战至次日拂晓，终因敌众我寡、久战无援，在西路猴山隘一带不幸身中数弹，壮烈牺牲，后被追晋为陆军少将。

吕旃蒙的抗日精神激励着一代又一代的中国人奋发图强，为中华民族的伟大复兴而接续奋斗。1984年4月，经民政部批准，吕旃蒙被追认为革命烈士。1985年，吕旃蒙被湖南省人民政府追认为抗日烈士。2014年9月1日，吕旃蒙被列入民政部公布的第一批300名著名抗日英烈和英雄群体名录。

梁鸿钧

南征北战血洒蕉山

一个从旧军阀部队起义、毅然跟随朱德、陈毅上井冈山革命的战士，一个曾经担负保卫延安任务的警备司令部参谋长，一个广东人民抗日游击队的领导人、广东人民抗日解放军司令员，他南征北战多年，却牺牲在抗战胜利的前夕。他就是梁鸿钧。他的牺牲令人惋惜，令人心痛。

梁鸿钧（1905—1945），湖南省湘潭县人。因家境贫寒，梁鸿钧少年时逃荒到广东钦州（今属广西）做工。1925 年冬，梁鸿钧加入国民革命军第四军，后参加北伐战争。1927 年，梁鸿钧随部参加南昌起义，起义部队南下广东失利后，他随朱德、陈毅转战于闽粤赣湘边，上了井冈山。

1928 年冬，梁鸿钧加入中国共产党。1929 年起，任中国工农红军第四军连长、营长，参加了中央苏区反“围剿”。长征中在红五军团任团副政治委员。到陕北后，梁鸿钧任团政治委员。

抗日战争全面爆发后，梁鸿钧进入抗日军政大学学习，任副队长、队长。1938年起，梁鸿钧任八路军陕甘宁留守兵团保安司令部参谋处主任、延安警备司令部参谋长，率部担负保卫延安任务。1939年，梁鸿钧被党中央派到广东，任东江军事委员会书记，负责指挥广东人民抗日游击队，参与领导东江地区敌后游击战争和开辟大岭山、阳台山抗日根据地。

1941年太平洋战争爆发后，梁鸿钧参与组织护送撤离香港的著名民主人士、文化界人士和国际友人到后方安全地区，受到中共中央来电表扬，在国际上也产生了良好影响。1942年起，任广东军政委员会委员，广东人民抗日游击总队总队长、参谋长，东江纵队军事特派员。他带领广大游击战士在华南各地开展抗日游击战争。在面临日、伪、顽军三方夹击的严峻形势下，梁鸿钧鼓励指战员要坚持战斗下去，随时准备忍受更大的痛苦，甚至准备被逮捕、牺牲。因紧张频繁的战争环境，梁鸿钧30多岁才结婚，妻子怀孕后难产，母子双亡。他强忍悲痛，继续坚持战斗。

1944年冬，梁鸿钧转战到粤中地区后，筹建广东人民抗日解放军。1945年1月该部成立时，梁鸿钧任司令员，他率部反击国民党顽固派军队对游击区的进攻。同年2月，在新兴蕉山反击国民党顽固派军队的围攻中，梁鸿钧上前线指挥作战，身上多处中弹，不幸壮烈牺牲，时年40岁。

梁鸿钧一生为了革命南征北战多年，领导广东人民抗日游击队坚持艰苦卓绝的战斗，他的事迹与精神必将永久地闪耀在中国革命的史册上。

朱克靖
壮士非无泪，不为断头流

醴陵市烈士陵园朱克靖墓前，鲜花向着灿烂阳光而开。朱克靖的女儿朱清宇说："我父亲这一代的革命先辈，为了新中国的成立而忘掉了自己的一切。"历史不会忘记，人民不会忘记。英烈们为了理想舍生取义，值得我们永远学习与怀念。

朱克靖（1895—1947），本名宏夏，字竹怡，号克靖，湖南省醴陵市人。1919年考入北京大学，1922年加入中国共产党。

1923年，朱克靖受党派遣到苏联莫斯科东方大学学习。1925年7月回国，到广州任国民革命军第三军党代表兼政治部主任。1926年7月，参加北伐战争。同年11月，当选为共产国际执委会委员。

1927年4月，朱克靖被武汉国民政府任命为江西省政府秘书长。他利用这一身份积极开展工作，推荐朱德担任南昌市公安局局长，让方志敏主持国民党江西省党部的工作。大革命失败后，朱克靖和朱德等一同争取国民革命军第三军官兵参加南昌起义。南昌起义后，他担任第九军党代表。起义部队南下失败后，朱克靖同党组织失去联系，先后在北京、天津、桂林、南昌等地坚持革命活动。

1937年冬，朱克靖恢复了党的组织关系。1938年1月，被任命为新四军政治部顾问兼直属战地服务团团长，负责宣传、民运工作。1940年春，任新四军联络部部长，负责统战工作。7月，受陈毅之托，争取苏北地方实力派李明扬、李长江与新四军合作，使二李保持中立，为新四军攻占黄桥、打乱国民党顽固派的进攻部署、建立苏皖抗日根据地作出了重要贡献。

1941年至1944年，朱克靖先后担任苏北参议会副议长、苏中三分区行政专员公署专员。1944年12月底，随粟裕率领的新四军由苏中渡江南下，任苏浙行政公署主任。1945年冬，随新四军北上山东。1946年1月，任新四军兼山东军区秘书长、联络部部长，策动国民党淮海绥靖公署长官郝鹏举率部起义。郝鹏举部被改编为华中民主联军后，朱克靖被任命为该部政治委员，领导这支部队的改编和民主改造。

全国内战爆发后，1947年1月，郝鹏举率部叛变，朱克靖被捕入狱。面对国民党反动当局的软硬兼施，他不为所动，坚决拒绝，并在狱中写诗明志：“一颗为民心，万古终不泯。壮士非无泪，不为断头流。”1947年秋，朱克靖被国民党反动当局秘密杀害于南京郊外。

“朱克靖同志是中共早期优秀共产党员，大革命时期和新四军中著名的政治工作者，八一南昌起义重要先遣者，坚贞不屈的共产主义战士。”——1997年11月25日，叶飞、张震于朱克靖罹难50周年之际，在《人民日报》发表长篇纪念文章，表达对他的深切怀念。

谢士炎
为革命尽终身努力

“愿为无产阶级事业流尽最后一滴血。”这是谢士炎在入党申请书中的铮铮誓言，当时他的公开身份是少将处长，在国民党保定第十一战区的侦查作战处任职，但他还有一个秘密的身份——中国共产党秘密情报联络员。就在这一年，他为革命献出了宝贵的生命。谢士炎的入党介绍人叶剑英得知其牺牲的消息后，哽咽难语：“谢……谢士炎同志他走得太早了，共产党需要他，哪怕他再，再等一等……”

谢士炎（1912—1947），湖南省衡阳市衡山县人。1937年考入国民党陆军大学，1940年任国民党八十六军四十六团团长。1942年浙江衢州之战，谢士炎率部与十倍于己的日寇激战数昼夜，歼敌2000多人。1943年8月，他到湖北恩施第六战区司令长官孙连仲部任参谋处副处长。

1945年日本投降后，谢士炎参与芷江受降工作。他由恩施飞往武汉，奉命任武汉前进指挥所办事处主任，负责接收日伪部队。在中共地下党员、第十一战区外事处副处长陈融生的帮助下，他阅读了《新民主主义论》《论持久战》等著作，非常钦佩和赞同中国共产党的思想理论和政治主张，决心从此站在人民革命的一边。

1946年9月，谢士炎参与拟定国民党军进攻张家口的作战计划。他将作战计划通过陈融生交到北平军事调处执行部中共代表叶剑英手中，有力地戳穿了国民党当局假谈判、真备战的阴谋。自此，谢士炎被我地下党吸收为秘密情报员。1947年2月4日，谢士炎由叶剑英介绍秘密加入中国共产党。

同年，谢士炎调任国民党保定绥靖公署少将处长。他利用参与国民党高级军事会议的机会，向党提供了一系列重要军事情报，为华北、华东的解放作出了贡献，党中央曾多次通电嘉奖。

1947年9月，由于叛徒出卖，谢士炎不幸被捕，先后被关押在北平监狱和南京陆军中央监狱。无论国民党当局怎样威逼利诱，甚至声称只要他脱离共产党，便可官复原职，他都没有丝毫动摇。1948年秋，谢士炎挥笔写下遗书“人生自古谁无死，况复男儿失意时。多少头颅多少血，续成民主自由诗”，从容走向刑场，牺牲时年仅35岁。

一个国民党将军选择了推翻国民党反动统治的道路，并成为中共秘密党员，为他所热爱的民族解放事业而英勇献身。谢士炎和他的战友牺牲在黎明前夕，没能看到祖国的解放，然而共和国的旗帜上永远闪烁着烈士们血染的风采。

李白
誓死守护党的秘密电台

在白色恐怖的上海，共产党员李白坚守电台，给党中央传递重要的军事情报。他在黎明到来的曙光中慷慨赴死，为信仰而牺牲，并坚信如此终可以换来更多人更有尊严更幸福地活下去。中华人民共和国成立后，以他为原型拍摄了电影《永不消逝的电波》，生动地再现了李白烈士短暂却光辉的一生。

李白（1910—1949），原名李华初，曾用名李朴，化名李霞、李静安，湖南省浏阳市人。1925 年加入中国共产党，1927 年参加湘赣边秋收起义，1930 年 8 月参加中国工农红军，成为红四军通信连的一名战士，后任通信连指导员。

1931 年 6 月，李白调到瑞金红军通信学校第二期电讯班学习无线电技术，结业后分配到红五军团任无线电分队政治委员，参加了长征。

全国抗战爆发后，1937 年 10 月，李白受党组织派遣，化名李霞，赴上海从事党的秘密电台的工作。在日寇与汪伪军警特务等麇集、环境极其险恶的上海，李白克服各种困难，负责上海党的地下组织与党中央的秘密电台联络工作，用无线电波架起了上海和延安之间的“空中桥梁”。

1939年，工作环境更加险恶，党组织安排女工出身的共产党员裘慧英与李白假扮夫妻掩护电台，开展工作。两人在共同的革命斗争中产生爱情，后经地下党组织批准结为夫妻，成为秘密斗争之家。

1942年9月，日军在对秘密电台的侦测中，逮捕了李白夫妇。日寇对李白施以种种酷刑，但他坚不吐实，一口咬定自己拥有的是私人电台。1943年5月，李白经党组织营救获保释。出狱后，党组织将李白夫妇调往浙江，安排他打入国民党国际问题研究所做报务员。他化名李静安，往返于浙江的淳安、场口和江西的铅山之间，利用国民党的电台，为党秘密传送日、美、蒋方面大量的战略情报。

李白和裘慧英假扮夫妻时的合影

抗战胜利后，李白回到上海，继续从事党的秘密电台工作。1948年12月30日凌晨，他在与党中央进行电讯联络过程中，因国民党特务机关测出电台位置而被捕。被捕后，李白面对高官厚禄的利诱以及各种酷刑的逼供，始终坚贞不屈，敌人始终没有能够从他口中得到一点想要的信息。1949 年 5 月 7 日，在上海解放前夕，李白被国民党特务秘密杀害。

李白的一生是短暂的，但他坚守岗位发出的红色电波，是永远不会消逝的。他的伟大情怀、高尚品质，将永远鼓舞我们奋勇前进。2009 年，李白被评选为“100 位为新中国成立作出突出贡献的英雄模范人物”。

任弼时

骆驼精神耀千秋

“他是我们党的骆驼，中国人民的骆驼，担负着沉重的担子，走着漫长的艰苦的道路，没有休息，没有享受，没有个人的任何计较。他是杰出的共产主义者，是我们党最好的党员，是我们的模范。”这是叶剑英元帅对任弼时同志的评价。任弼时的“骆驼精神”由此而来。

任弼时（1904—1950），原名任培国，湖南省汨罗市人。伟大的马克思主义者，杰出的无产阶级革命家、政治家、组织家，中国共产党和中国人民解放军的卓越领导人，以毛泽东同志为核心的中国共产党第一代领导集体的重要成员。任弼时 5 岁跟随父亲读书，7 岁进入明德小学，12 岁考入长沙师范附属高小，后入长郡中学。在学校他受到五四运动影响，积极参加游行宣传等爱国活动。

1920 年，任弼时加入毛泽东、何叔衡组织的俄罗斯研究会。经研究会介绍，到上海参加俄语学习班，加入社会主义青年团。1921年，任弼时与刘少奇人等赴苏联东方劳动者大学学习。1922年初，加入中国共产党。1925年7月，任弼时任中国共产党团中央总书记。1927年，大革命失败后，在八七会议上被选入中央临时政治局，成为党史上最年轻的政治局委员。随后4年间，他一直从事党的地下工作。在中共五大、六大上当选为中央委员，1931年在中共六届四中全会上当选为中央政治局委员。

1935年11月，任弼时与贺龙等率红二、六军团长征。1936年7月，担任红二方面军的政治委员。同年12月，任中华苏维埃人民共和国中央革命军事委员会委员、主席团成员。长征中，任弼时坚定地拥护以毛泽东为代表的中共中央，同张国焘的分裂行为做斗争，力促红军三大主力胜利会师。

全国抗战爆发后，红军改编为八路军开赴抗战前线，任弼时担任中央军委总政治部主任。1938年3月，代表中共中央赴莫斯科向共产国际汇报中国抗战形势与中国共产党的工作和任务。回到延安后，受党中央委托，任弼时主持《关于若干历史问题的决议》的起草工作。1943年3月与毛泽东、刘少奇组成以毛泽东为首的中共中央书记处。1945年在中共七届一中全会上当选为中央政治局委员、书记处书记。

1946年后，任弼时与毛泽东、周恩来一起转战南北，参与中央重大决策。在西柏坡简陋的指挥所里，他协助毛泽东等指挥了三大战役。1949年春天，任弼时参加了七届二中全会。

1950年10月，应朝鲜劳动党和政府的请求，中共中央作出

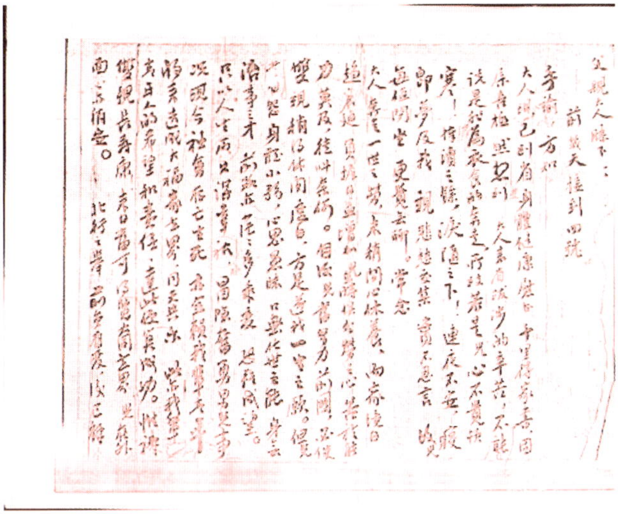

1921 年，任弼时赴莫斯科前写给父亲任裕道的信

抗美援朝、保家卫国的战略决策。在此期间，中共中央连日开会，尽管医生规定任弼时到睡眠时间应退席，但对事业和工作恪守着“能坚持走一百步，就不该走九十九步”准则的任弼时，常常工作到深夜。1950 年 10 月 25 日凌晨，任弼时突发脑出血，27 日中午在北京逝世。

从 16 岁参加革命到 46 岁英年早逝，在 30 年的革命生涯里，任弼时始终如一地为党和人民的事业贡献自己的全部心血、才干和精力，被誉为“我们党的骆驼、中国人民的骆驼”。

毛岸英
青山处处埋忠骨

毛泽东得知毛岸英牺牲的消息后，强忍丧子之痛，缓缓地说:“打仗总是要死人的。中国人民志愿军已经献出了那么多指战员的生命,他们的牺牲是光荣的。岸英是一个普通战士，不要因为是我的儿子，就当成一件大事。”是啊！“埋骨何须桑梓地，人生到处有青山。”作为毛泽东长子的毛岸英在危险的异国前线成长为一名优秀的革命战士，他大忠大义、勇于奉献的品格是中国人民的骄傲，他的爱国主义和国际主义精神将永远教育和鼓舞青年一代。

毛岸英（1922—1950），湖南省湘潭市韶山人，毛泽东与杨开慧的长子。1930 年 10 月，年仅 8 岁的毛岸英与母亲杨开慧一道入狱。杨开慧牺牲后，地下党安排毛岸英和两个弟弟来到上海。后来，由于地下党组织遭到破坏，毛岸英兄弟流落街头。毛岸英当过学徒，捡过破烂，卖过报纸，推过人力车。

1936 年，毛岸英被安排到苏联学习。他先后在莫斯科列宁军政学校和伏龙芝军事学院学习，后来参加了苏联卫国战争，曾冒着枪林弹雨转战欧洲战场。1944 年夏，毛岸英从联共（布）党预备党员转为正式党员。

1946 年，毛泽东、毛岸英在延安枣园

1946 年，毛岸英回到延安，同年加入中国共产党。他遵照毛泽东“补上劳动大学这一课”的要求，先在延安吴家枣园劳动锻炼，后参加山西、山东的土地改革工作，担任过北京机器总厂党总支副书记，一直工作在基层第一线。在农村，他与农民同吃同住同劳动，脏活重活抢着干，表现非常出色。在工厂，他和工人群众打成一片，坚持和职工一起排队就餐，深入生产第一线，解决了很多生产和生活中的具体问题，令工厂面貌焕然一新。工人们赞扬他是党的好干部、工人的贴心人。

1950 年，抗美援朝战争爆发。新婚不久的毛岸英请求入朝参战，任中国人民志愿军司令部俄语翻译和秘书。他工作积极，认真负责，迅速熟悉了机关业务。

1950 年 11 月 25 日上午，美空军轰炸机突然飞临志愿军司令部上空，投下了几十枚凝固汽油弹。在作战室紧张工作的毛岸英壮烈牺牲，年仅28岁。毛岸英应牺牲后，被就地安葬。后来被移葬于朝鲜平安南道桧仓郡的中国人民志愿军烈士陵园。

朝鲜国家主席金日成说：“毛泽东同志是伟大的国际主义的典范和楷模，为了中国人民的解放事业，他牺牲了包括妻子在内至亲至爱的五位亲人；为了朝鲜人民的反侵略和保卫世界和平，他又把最疼爱的长子毛岸英送来朝鲜。岸英牺牲了，我们会永远怀念他！”周恩来评价说：“毛岸英入朝一个月零三天就牺牲了，他吃过苦、留过学、打过仗，又经过农村和工厂的锻炼，在和毛岸英同龄的一代青年中，像他那样受过良好教育和多种锻炼的人是不多的。毛岸英的牺牲，对党，尤其对主席，都是一个无法挽回的损失。”2009年，毛岸英被评为“100位新中国成立以来感动中国人物”。

罗盛教
国际共产主义战士

67 年前，中国人民志愿军战士罗盛教为救不慎落水的朝鲜儿童崔莹，献出了宝贵的生命。那一年，罗盛教刚满 21 岁。那个在数九寒天义无反顾跳下冰河的年轻身影，直到今天，依然震撼着我们的心灵。

罗盛教（1931—1952），原名罗雨成，湖南省娄底市新化县人。由于家境贫寒，罗盛教 11 岁才上小学，毕业时他以优异成绩考入了省立第九师范。

中华人民共和国成立后，罗盛教报名参军，到湘西军政干校学习，1950 年到某部文书训练班学习，之后到中国人民解放军第四十七集团军一四一师直属侦察连任文书，参加湘西剿匪斗争。

1951 年，罗盛教响应党的号召，加入中国人民志愿军，并随部队奔赴朝鲜。

当罗盛教踏上朝鲜的国土，看到遍地烧焦的房梁瓦砾时，捍卫和平的信念更加坚定。他暗暗发誓："消灭美帝强盗，我决不回国！"他还在日记中写道："如果有一天我被侵略者的子弹打中，请战友们千万不要在我这里停留！一定要继续前进，奋勇前进，矢志为千万朝鲜人民和牺牲的同志报仇！"

1952年1月2日，新年伊始，正是朝鲜半岛冰天雪地的时节。罗盛教一大早来到了附近的冰河边，准备练习投弹。就在这时，河面上突然传来几个朝鲜少年急促的哭喊声。罗盛教听不懂朝鲜语，但当他看到朝鲜少年的手势和破裂的冰面时，立即明白了一切。他一边奔向冰窟，一边脱下棉衣，纵身跳进了冰冷彻骨的河水中。

冒着－20℃的严寒，罗盛教沉着冷静，很快便摸索到了落水的那名少年，成功将他托出了水面。可是，由于冰窟边缘的冰面太薄，承受不了少年的体重，两人马上又跌落到了水中。

一次，两次，三次……少年三次被托出水面，但三次都没能上岸。这时，罗盛教的体力已消耗殆尽，四肢麻木而僵硬，但他仍顽强地再一次潜入水底，再一次找到孩子，并再一次将他顶出了水面……然而，罗盛教却再也没能爬上来。这名得救的孩子，就是后来成为朝鲜高级指挥官的崔莹。

找到罗盛教烈士的遗体后，朝鲜人民异常悲痛。他们以朝鲜当地最隆重的葬礼，将罗盛教安葬在苍翠秀丽的佛体洞山上，并在他牺牲的地方竖起了一块木牌，上面写着："生长在朝鲜土地上的人民，都应该永远记着我们的友人罗盛教同志，学习他伟大

罗盛教勇救落水少年（绘画）

的国际主义精神。”朝鲜政府授予罗盛教“一级战士荣誉勋章”和“一级国旗勋章”，朝鲜国家主席金日成为罗盛教题词“罗盛教烈士的国际主义精神与朝鲜人民永远共存”。中国人民志愿军政治部授予罗盛教“中国人民志愿军爱民模范”称号。2009年，罗盛教被评选为“100位新中国成立以来感动中国人物”。

林伯渠
人民公仆

1949年10月1日下午3时，中华人民共和国开国大典隆重举行，众多开国元勋站立在天安门城楼。一位白发苍苍的老者主持开国大典，他激动地宣布："中华人民共和国中央人民政府成立典礼开始！"他就是刚刚当选为中央人民政府秘书长的林伯渠。

林伯渠（1886—1960），名祖涵，湖南省常德市临澧县人。著名的无产阶级革命家、教育家，"延安五老"之一，党和国家重要领导人之一。林伯渠出生于一个乡村教师家庭。1904年春，入日本东京弘文学院留学，不久加入孙中山领导的中国同盟会。1920年，出任孙中山大元帅府参议。

1921年1月，经李大钊、陈独秀介绍，林伯渠加入上海共产党早期组织，继续留在国民党内工作，在帮助孙中山改组国民党的整个活动中发挥了重要作用。

1927年8月1日，林伯渠参加南昌起义，任前敌委员会财政委员会主席。起义失败后，受党中央派遣，赴莫斯科中山大学学习。

1932年冬，林伯渠受命由海参崴回国。翌年3月，进入江西中央苏区，出任苏维埃中央政府国民经济部长，后任财政部长兼没收征发委员会主任。长征途中，林伯渠任红一方面军总供给部长。中央红军长征抵达陕北后，他先后任陕北中央政府财政部长、陕甘宁边区政府主席。在极其艰苦的条件下，他领导边区军民，积极贯彻中央的十大政策，建立“三三制”政权，实行精兵简政，领导边区开展大生产运动，进行经济文化建设，把边区建设成为模范抗日根据地。

1937年8月，中共中央派他常驻西安，任八路军驻陕办事处党代表。他利用自己德高望重的社会影响，广泛团结各阶层人士一致抗日，为推动第二次国共合作作出了杰出贡献。

1945年4月，在党的七届一中全会上，林伯渠当选为中央政治局委员。1948年12月12日，他告别延安，抵达中共中央驻地西柏坡，参与新中国的筹备工作。

1949年9月21日至30日，林伯渠在京出席中国人民政治协商会议第一届全体会议，作新政协筹备工作报告，并当选为政协第一届全国委员会委员和中央人民政府委员会委员。为筹备新政协、建立新中国，已是63岁高龄的林伯渠仍不辞劳苦，有时竟连续工作达20小时。

1954年9月，林伯渠当选为全国人民代表大会常务委员会副委员长。1956年党的八届一中全会上，再次当选为中央政治局委员。1959年4月，再次当选为全国人民代表大会常务委员会副委员长。

在20世纪前半个多世纪里，林伯渠参加了中国各个历史阶段的革命斗争，把毕生精力献给了中国人民的解放事业和社会主义建设事业，是我党少数几个从20世纪初就投身于中国革命的杰出的共产主义战士和优秀的无产阶级革命家之一。“在每个革命的历史阶段，他都是彻底的革命派。”这是王震在林伯渠诞辰100周年纪念会上对他的评价。林伯渠为党的事业鞠躬尽瘁，为宣传和捍卫真理英勇奋斗，为救国救民的伟大抱负而践行一生，堪称人民公仆。

雷锋
为人民服务

“人的生命是有限的，可是为人民服务是无限的，我要把有限的生命投入到无限的为人民服务之中去。”这句话及其所代表的人生态度，紧密地和“雷锋”这个全中国家喻户晓的名字联系在一起，绵延影响几十载，构成了几代中国人的共同记忆。50多年后的今天，中国与世界的面貌发生了翻天覆地的变化。然而，无论社会如何变迁，雷锋精神永远都不会褪色。

雷锋（1940—1962），原名雷正兴，湖南省长沙市望城区人。中国人民解放军战士、共产主义战士。旧社会“三座大山”的残酷压迫，使年仅7岁的雷锋成了孤儿。1949年8月，长沙解放，雷锋迎来崭新的人生。

1956年，雷锋在完小毕业典礼上主动发言，立志将来做一个“好农民”“好工人”“好战士”。此后，他一步一个脚印地实现了他人生的三大理想。

为了实现自己做好一个“好农民”的梦想，雷锋下决心为建设社会主义新农村奉献自己的微薄力量，成了“团山湖的新式农民”和望城的第一位拖拉机手。

1958 年 11 月，怀揣着要做一个“好工人”的梦想，雷锋搭上了北上的火车，成了鞍钢化工总厂洗煤车间的一名推土机手。1959 年，他又主动报名到条件更为艰苦的鞍钢弓长岭矿山参加新建焦化厂工作。他在辽宁鞍山工作的一年两个月时间里，3 次被评为先进工作者，5 次被评为红旗手，18 次被评为节约标兵。“百炼成钢的好工人”，他当之无愧。

1960 年 1 月 8 日，雷锋来到营口新兵连，开启了军旅生涯。他成为一名合格的汽车驾驶员，第一个下到战斗班；参加上寺水库抢险救灾，带病连续奋战 7 天 7 夜；把平时节约下来的 200 元钱分别支援公社和辽阳水灾区……获得了“优秀汽车兵”等称号，荣立二等功 1 次、三等功 2 次。

他热爱党，热爱祖国。他说：“敬爱的党，我慈祥的母亲，我只有以实际行动来感恩。”

他服务人民，助人为乐。他参加扫盲，去农民夜校当“小先生”；他编织草鞋送给治理洞庭湖的劳动者们；他省吃俭用，把钱捐献给灾区和困难民众；他去学理发，为战友剪头发；他当校外辅导员，陪孩子们学习……“雷锋出差一千里，好事做了一火车”的评语，毫不为过。

他爱岗敬业，忠于职守。“干一行、爱一行、专一行、精一行”，不管多么琐碎的事，他都全力做到最好。

他锐意进取，自强不息。他将“钉子”精神的“挤劲”和“钻劲”发挥到了极致：用一个多星期的时间掌握了拖拉机驾驶技术；用最短的时间掌握了推土机的操作；用最快的速度掌握汽车驾驶技术……凡工作需要，他都会全力以赴地去学。

他艰苦奋斗，勤俭节约。他只领一套军装，一双袜子缝缝补补穿多年，天气再热都舍不得买一口汽水……

1962年8月15日，雷锋因公殉职，年仅22岁。一个如朝阳般的追梦青年，永远离开了我们。

50多年过去了，他始终是亿万中国人心灵深处的光辉榜样。他身上所具有的信念的能量、大爱的胸怀、忘我的精神、进取的锐气，正是我们民族精神的最好写照。2009年，雷锋被评为“100位新中国成立以来感动中国人物”。

欧阳海
战士永生

1963 年 11 月的一个清晨，轻风扑面，细雨沾衣。282 次列车载满旅客疾驰在京广线上。巨大的轰鸣声在轨道旁回荡。某炮兵连马队中一匹背驮炮架的战马受了惊吓，惊惶地跃上了铁路。千钧一发之际，一个身影箭步冲了上去，雨衣呼啦啦掀起……欧阳海拼出性命，把战马推出了轨道。列车和旅客转危为安，他却被卷倒在铁轨边的碎石上……

欧阳海（1940—1963），湖南省郴州市桂阳县人。欧阳海从小饱受旧社会的痛苦煎熬，7 岁为生存讨过饭，9 岁为解放军带路打土匪，后在生产大队任记工员、会计。他一心为公、拥护集体、热心助人，经常帮助没有劳动力的家庭干活，并用自己的粮食救济本村困难户。

1958 年冬天，在经过 3 次申请后，欧阳海终于穿上了军装。在部队里百炼成钢，他从一个农民的儿子成了一名真正的战士。他争先奋进。打炮眼时，其他战士打一两百锤，他打三百锤，成绩全团第一，人称“打锤能手”；砍树时，人家背一根，他背两根，人称“铁肩膀”；战友要去县城冲洗照片，不方便，他就自建业余洗相馆热情服务，战友要看电影，他代替站岗……他是大家眼里大公无私的好战士，哪里有困难，哪里有危险，他就往哪里冲。他曾两次抢救溺水儿童，一次参加灭火，并救出一位老人，三次荣立三等功，多次被树为标兵。

1963 年 11 月 18 日，欧阳海参加部队野营训练，负责收容任务，他走在队伍的最后面。在经过京广铁路衡山段一个拐弯的地方时，前方驶来 282 次列车。鸣笛声使一匹驮着炮架的战马受惊窜上铁路。马匹站在铁轨上一动不动。此时，列车与马的距离越来越近。就在这千钧一发之际，欧阳海奋力推开战马，使列车上 500 多名乘客转危为安，但是他的左腿却被碾断。因为伤势过重，经抢救无效，欧阳海壮烈牺牲。

欧阳海在日记里曾写道：“如果需要为共产主义的理想而牺牲，我们每一个人，都应该可以做到脸不变色心不跳。”他用自己的生命践行了这一誓言。

1964 年，欧阳海被广州军区追授“五好战士标兵”“爱民模范”荣誉称号，并追记一等功。同年，国防部命名欧阳海生前所在班为“欧阳海班”。朱德、叶剑英、贺龙、董必武等老一辈革命家题词号召全国军民学习欧阳海舍己救人的共产主义精神。2009 年，欧阳海被评为“100 位新中国成立以来感动中国人物”。

曾日三
书生意气砺风骨

他生于书香世家，却从一名白面书生成长为一名屡建功勋的红军高级指挥员。他一生冲锋陷阵，在带领失利的西路军走出祁连山的漫漫征途中，为阻击敌人、掩护部队撤退，在子弹耗尽时，拉响最后一颗手榴弹与敌人同归于尽。他用自己的鲜血，为西路军英勇悲壮的历史写下了殷红的一笔。

曾日三（1904—1937），又名曾日山，湖南省郴州市宜章县人。中国工农红军高级指挥员。1919 年，考入衡阳省立第三师范学校，毕业后回到家乡从事教育工作。他治学严谨，办学有方，被推选为县第一区学务委员，后被委任为县劝学署督学，后加入国民党。

1927 年大革命失败后，他对国民党右派叛变革命、疯狂屠杀共产党员和革命群众的行径十分不满。在吴仲廉、吴汉杰等共产党员的影响下，他以教育官员的身份暗中支持革命，掩护共产党员和革命人士。

1928年1月，湘南起义爆发，朱德率领部队智取宜章。县长杨孝斌带领县城头面人物出迎，被起义部队一网打尽。作为陪同人员的曾日三也当场被捕。后经争取，他加入革命队伍，随湘南起义队伍上了井冈山，不久加入中国共产党。

曾日三充分发挥学识优势，积极从事政治思想工作，宣传共产党和红军的政策。他从起初的团部秘书、组织干事到军部秘书、红军总政治部秘书长，再到福建省军区政委、红三军政治部主任，一步步成长为声名显赫的红军将领。

1934年10月，部队从瑞金出发开始长征时，曾日三任红五军团政治部主任。1935年6月，红一、四方面军在懋功胜利会师。中共中央决定组织左、右路军经草地北上。红五军团改为红五军，因政委李卓然负重伤，曾日三代理政委一职，率部担任左路军前锋。他坚决支持朱德执行北上方针，反对张国焘右倾分裂主义。

1936年10月，曾日三任西路军第九军政治部主任、代理政委。在空前恶劣的自然环境和艰苦卓绝的斗争中，他激励红军指战员团结一心，众志成城，与兵力数倍于己的敌人浴血奋战。

1937年3月，孤军奋战的西路军惨遭失败，余部整编后，曾日三担任干部支队政委。他以钢铁般的意志承受西征失败、部队损失殆尽的巨大悲痛，带领部队向西游击。在冰天雪地的祁连山，部队多次遭到敌人的封锁和追赶。1937年4月，在一次战斗中，曾日三为掩护战友壮烈牺牲，时年33岁。

魂魄托日月，肝胆照河山。曾日三把自己的一生奉献给了党和人民。他以坚定的信念、一往无前的拼搏精神、舍生取义的大无畏行为谱写了一首悲壮的、催人奋进的革命者之歌，他用生命诠释的革命风骨将永远激励后来人。

谢觉哉
从清末秀才到无产阶级革命家

“为党献身常汲汲，与民谋利更孜孜。”这是延安时期人们向谢觉哉祝寿时赠送他的诗句，这也是谢觉哉革命一生最真实的写照。谢觉哉一生勤勉、平易近人，不论是在革命战争年代，还是和平建设时期，他从不居功自傲，始终从人民利益出发，诚心诚意地为人民做好事、做实事。

谢觉哉（1884—1971），名维鋆，字焕南，别号觉斋，湖南省宁乡市人。中国共产党的优秀党员、“延安五老”之一、著名的法学家和教育家、杰出的社会活动家、法学界的先导、人民司法制度的奠基者。

1905年，谢觉哉考取秀才。1911年，考入湖南省立商业专科学校，毕业后到云山学校任教。1920年，应何叔衡之邀，担任《湖南通俗报》主编。该报被查封后，到湖南省立第一师范附属小学任教，协助毛泽东、何叔衡创办平民夜校、工人夜校。1921年1月，加入新民学会。1924年，谢觉哉先后主编《湖南半月刊》《湖南民报》，宣传民主革命思想，抨击封建军阀。1925 年，加入中国共产党。马日事变后，谢觉哉到上海主编《红旗》和《上海报》。1931 年，他前往湘鄂西苏区，担任省委政治秘书长兼文化部部长，并主编《工农日报》，后任党校教育长。两年后，他被调到中央苏区，担任毛泽东的秘书，后当选中央工农民主政府秘书长、内务部长。1934 年 10 月，参加长征。到达陕北后，谢觉哉历任中央政府西北办事处内务部长、秘书长、司法部长、代理最高法院院长和审计委员会主席等职。

抗日战争爆发后，谢觉哉担任中共中央驻甘肃代表，做甘肃省代主席贺耀组的思想转化工作，建立了一批抗日救亡团体，营救出了一批被羁押和失散的红军西路军干部和战士，输送了大批进步青年到延安参加革命。1938 年 9 月，担任中央党校副校长。1940 年后，相继担任西北区中央局副书记、边

谢觉哉故居

区政府秘书长、参议会副议长、党团书记，对建设和发展“三三制”抗日民主政权作出了重要贡献。1945 年 8 月，中共中央法制组成立，谢觉哉任西北局组长。1946 年，任中央法律问题研究委员会主任委员。1948 年，任华北人民政府委员、司法部长、中共中央法律委员会常委兼中国政法大学校长。中华人民共和国成立后，谢觉哉担任中央人民政府内务部长、法制委员会委员、政治法律委员会委员等职。1956 年 9 月，当选候补中央委员，后递补为中央委员。1959 年 4 月，当选为最高人民法院院长。1964 年，当选为全国政协副主席。林彪、江青反革命集团横行期间，谢觉哉忧国忧民，心情抑郁，于 1971 年 6 月 15 日病逝，终年 87 岁。

谢觉哉一生不谋私利、不图虚名、廉洁奉公、艰苦朴素、实事求是，数十年如一日，甘做人民的公仆。他用自己的一言一行，为我们树立了光辉的榜样，激励着我们党员干部像他一样树立正确的人生观和价值观，牢记权为民所用、情为民所系、利为民所谋。

滕代远
从将军到开国部长

45年前，病危的滕代远在生命的最后一刻，用尽全部的力气，缓慢而吃力地写下“服务”两个字。他将自己平凡而伟大的一生浓缩为这两个字，彰显了一名优秀共产党员的高尚品德，感召和激励后辈不忘初心，传承遗志，全心全意为人民服务。

滕代远（1904—1974），小时名龙兆，曾用名唐大元、李光等，湖南省怀化市麻阳县人。中国工农红军早期创始人，中国人民解放军的领导者之一，新中国人民铁路事业的奠基人。

1923年，滕代远考入湖南省立第二师范学校，开始接受马克思主义，积极参加进步学生运动，迅速成长为学生领袖。1925年加入中国共产党。后被党组织安排到长沙近郊区担任农民运动特派员，从此走上了无产阶级职业革命家的道路。他以教书为掩护，通过坐茶馆等方式开展工作，号召“农民要翻身，就要泥腿子掌权”，鼓动农民行动起来。在革命斗争的洪流中，滕代远很快就成为组织农民运动的行家里手。

大革命失败后，滕代远被任命为中共湘东特委书记、湘鄂赣边特委书记，与彭德怀一起组织平江暴动。他化装成士绅，顺利进入平江城，与当地党组织取得了联系。在南华安特委遭到破坏的危急时刻，彭德怀、滕代远当机立断，发动平江起义，让鲜红的斧头镰刀旗高高飘扬在平江城头。

滕代远是红五军的缔造者之一，参与领导了保卫井冈山、两打长沙城和第一、第三、第四次反“围剿”以及入闽东征作战，巩固苏区、扩大红军的艰苦卓绝的斗争。历经长期残酷的战争实践的锤炼，滕代远逐渐成长为一名目光远大、意志坚定、军政素质过硬的红军高级指挥员。

全国抗战时期，毛泽东主席亲自点将，滕代远在历史重要关头再一次挺身而出，受命担任中共中央军委参谋长。他善于总揽全局，统筹兼顾，各项工作开展得井然有序。之后，他服从组织安排，担任抗日军事政治大学副校长兼副政治委员。从搞军事改行为办学校，隔行如隔山，但是滕代远却能够很快适应角色的转换，工作严谨周密，注重细节，被誉为“精雕细刻型”的“抗大”校长。为了渡过经济难关，在就任八路军前方总部参谋长期间，滕代远身体力行，带领大家搞生产，推出了“滕杨方案”，得到了人们的支持。

解放战争时期，滕代远历任军调部中共代表团军事顾问、铁道兵团司令员兼政治委员等职，率领铁道兵团指战员和铁路职工迅速抢通、恢复全国铁路运输，保证了“解放军打到哪里，铁路修到哪里”。

中华人民共和国成立后，滕代远担任新中国第一任铁道部部长兼党组书记，主持全国铁路工作，建立了铁路管理体制，组织修建了成渝铁路等重要铁路线和武汉长江大桥等重大工程，为推进全国铁路建设呕心沥血，被公认为中国人民铁道事业的奠基人。

滕代远既善指挥，懂打仗，是人民军队的高级将领，又会管理，懂建设，被周恩来称为“第一个从军队转做经济工作的部长”，为新中国铁路的建设和发展奠定了基础。滕代远为人民军队的创建、人民解放事业以及国家铁路的建设都作出了卓越贡献。他的丰功伟绩和老一辈无产阶级革命家的崇高风范，将永远铭刻在历史的丰碑上。

姚喆
大青山上一杆旗

在共和国开国将帅中，有一位被称为“刀疤将军”的中将——姚喆。毛泽东曾对乌兰夫说：“讲内蒙古革命史，不能不提到我的小老乡姚喆。”姚喆是大青山抗日根据地的创始人之一，曾经在内蒙古地区战斗、工作、生活15个年头，为内蒙古的民主革命和人民解放事业作出了重大贡献。他一生身经百战，果敢勇猛，有军中“姚一刀”的美誉，深受毛泽东、彭德怀、贺龙器重，是人民军队著名的战将。

姚喆（1906—1979），曾用名姚秩章，湖南省邵阳市人。中国人民解放军高级将领。1925年参加乡农民协会，曾任主席。1928年入国民党军湖南独立五师随营学校，同年参加平江起义、加入中国工农红军。1929年加入中国共产党。他曾任红五军连长，红三军团营长、团参谋长、团长、师参谋长，参加了中央苏区第一至第五次反“围剿”。

1934年1月，在攻打沙县战斗中，姚喆带领一支仅有50余人的连队从西门实施爆破，首先突入城内，并与反扑之敌展开激烈巷战和白刃格斗。战斗中姚喆的头部和脸部被敌人砍伤，仍顽强坚持指挥。他的面部从此留下一道深深的伤疤，也因此被大家亲切地称为“姚一刀”。为表彰姚喆指挥有方、作战勇敢，中央革命军事委员会授予他三等红星奖章。

在中央红军长征中，姚喆被调任国家政治保卫局总队长，后任红三军团第十五团团长。对于姚喆在长征中的特殊贡献，毛泽东曾风趣地评价：姚喆同志“护驾有功”！到陕北后，姚喆任红十五军团七十八师参谋长、陕甘宁独立师师长，参加了直罗镇、东征、西征等战役。

抗日战争全面爆发后，姚喆任八路军第一二〇师三五八旅参谋长、第七一五团代理团长，参加了收复晋西北七城等战斗。

1938年，党中央作出建立大青山抗日游击根据地的战略决策，并组建大青山支队，姚喆任参谋长。11月，姚喆奉命建立大青山骑兵部队，将步兵改建为骑兵。在姚喆的领导下，大青山抗日游击支队很快成为一支强劲的骑兵部队。1942年，日寇调集重兵对大青山进行“铁壁合围”闪电式扫荡，欲将大青山抗日游击根据地变为“隔绝地带”，困死直至消灭我军。在抗战最艰苦的时期，姚喆带领大家搭窝棚、挖窑洞，给战士们讲红军长征爬雪山、过草地的故事，并坚定地说：“只要大青山还有我们一名战士，那就证明大青山还是我们的。”姚喆率领骑兵支队与日寇展开了艰苦卓绝的骑兵游击战争，粉碎了日寇发动的数次扫荡。贺龙、关向应、周士第、甘泗淇联名发去慰问电：“你们在严寒的气候中日夜不停地行军作战，取得了无数辉煌的成绩。……你们是一支不可战胜的、无坚不摧的队伍——八路军唯一的铁的骑兵。”

从1938年8月至1945年日军投降，姚喆坚持在大青山与日军艰苦作战7年，开辟出的大青山抗日根据地一直如一把尖刀插在内蒙古大草原上，起到了牵制日军的良好效果。“姚喆是大青山上一杆旗。”“只要这杆旗在，这杆旗不倒，大青山抗日斗争必将取得最后的胜利！”大青山的人们这样评价他。叶剑英元帅曾说：“从全国抗日根据地来说，大青山根据地是最艰苦的。”

解放战争时期，姚喆于1945年任绥蒙军区司令员，率部参加大同集宁等战役；1948年后任西北野战军第八纵队司令员、第一野战军第八军军长兼绥蒙军区司令员。

中华人民共和国成立后，姚喆任绥远军区副司令员、武汉军区副司令员等职。1951年8月他参加抗美援朝战争，任中国人民志愿军第二十三兵团副司令员。1955年他被授予中将军衔，被毛泽东称为“开国将军”。1979年，姚喆在北京逝世，享年73岁。如今，姚喆的骨灰被安放在大青山革命烈士陵园，大青山将永远铭记他不朽的功勋。

邓　华
南征北战树丰碑

邓华将军的一生，与中国革命战争的进程融为一体，与新中国国防和军队建设事业紧密相关。中国革命战争的硝烟烈火锤炼了他，使他从一名风华学生逐步成长为人民军队中军政兼优的高级指挥员。他为民族独立和人民解放、保卫国家安全和国防和军队现代化建设事业作出了杰出贡献。他的功绩，将永远镌刻在历史的丰碑上。

邓华（1910—1980），湖南省郴州市人，开国上将。邓华早年积极参加爱国学生运动。1927年3月加入中国共产党。1928年1月参加湘南起义，后随朱德、陈毅到井冈山，历任中国工农红军连党代表、团政治委员、师政治委员。

长征开始时，邓华是红一军团第一师二团政委。在抢渡湘江突破敌人第四道封锁线的战役中，他率部经过4天血战，完成了阻击任务，保障了中央机关和红军主力渡过湘江。

全面抗战开始后，邓华在八路军第一一五师三四三旅六八五团任政训处主任，参加平型关伏击战。邓华协助团长杨得志指挥战斗，歼灭了进入伏击圈内的日军汽车队主力，后又率2营勇猛出击，夺取了日军占领的高地，顽强抵挡住了日军近一个野战大队的增援。

1945年11月底，中共中央东北局西满分局成立，邓华被任命为分局委员，并率保安一旅开赴西满地区，成立了辽西军区。邓华任司令员，陶铸任政委。

1948年，在锦州攻坚战中，邓华指挥的第七、第九纵队从南侧首先突破城防。经过31个小时的战斗，东北野战军攻克锦州，歼灭范汉杰集团10万余人。在其后的辽西追歼战中，邓华指挥第七纵队勇猛追杀，歼敌10094人，生俘敌第四十九军军长郑庭笈等。

1949年5月，邓华率第十五兵团南下渡过长江，参加湘赣战役和赣西南战役，同年10月一举解放了广州。1949年12月，邓华奉四野司令部命令，由第十五兵团统一指挥第四十军、第四十三军渡海解放海南岛。在充分研究了琼州海峡气象后，邓华、叶剑英等人决定发起渡海作战。1950年4月16日晚，两个军8个团的两万多名官兵分乘500多只木帆船和机帆船，趁着夜色从雷州半岛南端启航，战至5月1日，解放了中国第二大岛——海南岛。

1950年6月，朝鲜战争爆发，中共中央决定出兵援朝，由彭德怀担任中国人民志愿军司令员兼政委，邓华被任命为志愿军第一副司令员兼副政委。彭德怀曾多次感叹：“邓华作战勇敢，细心，出了些好主意，是个好帮手！”1953年，邓华任志愿军司令员兼政治委员。他和副司令员杨得志等人密切配合，先后在1952年秋季战术反击作战、上甘岭战役、1953年夏季反击战役中重创“联合国军”，圆满完成了在朝鲜战场上的使命。朝鲜最高人民会议为表彰邓华的功勋，特授予他朝鲜民主主义人民共和国最高勋章——一级国旗勋章。

1954年回国后，邓华历任东北军区第一副司令员、代理司令员，人民解放军副总参谋长兼沈阳军区司令员，军事科学院副院长等职。1955年，邓华被授予上将军衔。1980年7月3日，邓华在上海病逝。邓华的一生是革命的一生、战斗的一生、艰苦奋斗的一生、全心全意为人民服务的一生。

官同生
热血铸就丰碑

1981年5月27日，官同生在湖南祁东县汽车站旅社抓捕盗窃江西省南城县人民武装部军械库枪支弹药的罪犯时，一名罪犯开枪顽抗。为保护其他同志，官同生用身体压倒罪犯，不幸中弹，光荣牺牲。官同生在危险关头，牢记自己的使命，敢于担当，迎难而上，不怕牺牲，用热血铸就了丰碑。

官同生（1948—1981），原名桐生，湖南省衡阳市祁东县人。官同生出身于贫农家庭，5岁丧父，由母亲抚养长大。1969年从省立第三师范跟读班毕业回乡务农，冒死抢救一落水小孩，被评为模范生。1971年招工到县粮食局，次年加入中国共产党。

1972年，官同生参加金桥镇粮站清理经济工作队。一天，防化员到洪堰粮库熏杀谷虫，正在逐缸配药时，剧毒气体磷化氢突然爆炸，一时毒烟滚滚。官同生冲入仓库内抱起100斤的药缸就往外跑。搬第二缸时，他的眉毛烧掉了，腿上被划出了一道4寸多长的口子，鲜血直流，他依然不松手，抱着药缸往外移，直到群众赶来跟着奋起救火。

1973年，官同生调任城关派出所民警，他在日记本上写道：“我已经成了光荣的公安战士……我要做一把无产阶级专政的刀子！”1979年，他调任县公安局任侦察员。1980年10月中旬，太和堂镇供销社和步云桥镇田心大队相继被盗，作案的是田心大队的一个惯偷。为了抓捕罪犯，官同生盯住罪犯所在的村庄，连续几夜守在野外。第三晚，罪犯溜进村时，官同生紧追不舍，眼看就要抓住了，罪犯却突然抽出匕首，转身扑向官同生。官同生眼疾手快，一个扫堂腿把罪犯打倒在地，一把夺过匕首，罪犯俯首就擒。还有一次，一伙歹徒在祁东剧场强占别人座位，还用刀子刺伤人。官同生当时正在值班，当场抓住了首要分子。七八个歹徒围上来，有的紧攥拳头，有的抽出匕首。官同生义正词严地说：“我抓的是坏人，如果这中间还有坏人，有一个抓一个！”观众也群起声援，歹徒们于是纷纷溜走了 。

1981年5月，江西省南城县发生一起盗枪巨案，7名罪犯盗取县武装部54式手枪17支、子弹2000多发，公安部严令各省截捕。5月27日，7名盗枪罪犯逃窜到祁东，住进汽车站旅社。县公安局迅速组织围捕。官同生是值班员，本可以留在局里，但他却主动请求参加。途中他对战友说：“今晚的任务不同往常，对我们都是一个考验，要有流血牺牲的准备……”28日凌晨，在同罪犯的搏斗中，官同生两次把持枪的罪犯贾建忠压在身下，双手钳住贾犯的双臂，用膝盖顶住贾犯的胸部。贾犯反手开了枪，子弹打断官同生的右腿股动脉，穿过腹部，鲜血喷涌而出。官同生忍着剧痛，打掉犯罪分子手中的枪，继续压在罪犯身上，死死钳住他的双手。在战友们的配合下，罪犯全部被抓，而官同生因却流血过多，壮烈牺牲。

1981 年 6 月 16 日，公安部追授官同生“全国公安系统一级英雄模范”称号。公安部和中共湖南省委、省人民政府分别追授他优秀共产党员、革命烈士称号。

罗健夫
中国式保尔

40多年前，罗健夫在一无图纸、二无资料、三无样机的情况下，艰苦攻坚，研发成功图形发生器，填补了国家科技空白。他常年坚持每天工作十四五个小时以上。罹患癌症后，为了保持头脑清醒，他不同意医生给他用镇痛药。他在病床上思考研究课题的同时，还和医生商讨病情，让医生拿他做医学实验："研究癌症的治疗技术，总是要有牺牲的。"这位中国式的保尔，把整个生命和全部精力，献给了党和人民。

罗健夫（1935—1982），湖南省湘乡市人。1951年，初中尚未毕业的罗健夫带头报名参军。在部队，罗健夫利用业余时间学完初中及高中全部课程。1956年考入西北大学原子物理系原子核物理专业，学业成绩优异。1959年4月14日加入中国共产党。毕业后，他先后在母校及西安电子计算机技术所、骊山微电子公司工作。

罗健夫从1965年起从事微电子科研工作。"文化大革命"期间，他力排干扰，以顽强的毅力，在短时间内掌握了第二外语，并学习了电子线路、自动控制、精密机械、应用数学、集成电路等多门课程。

20 世纪 70 年代初，国家急需发展大规模集成电路的关键设备——图形发生器，这在我国当时仍是空白。罗健夫接受科研任务后，夜以继日、舍身忘我地工作，终于带领全组同志于 1972 年成功研制我国第一台图形发生器，填补了电子工业的一项空白，为我国航天工业作出了重大贡献。1975 年，罗健夫又研制成Ⅱ型图形发生器。

“党和人民的事业是最崇高、最有意义的，在它面前，个人的一切都显得那么渺小！”这是罗健夫常说的一句话。他平日酷爱阅读《钢铁是怎样炼成的》，并以书中主人公保尔为榜样，身体力行，忘我工作，从不计较个人得失，从不表现自己。在科研成果面前，他想得最多的是“在科学上，重要的是研究出来的‘东西’，而不是研究者的个人”。就连自己应得的那份奖金，他也全部上交给组织。面对党内不正之风和社会不良风气，他提出“与其叹气，不如为纠正它出点什么力”。在报考技术职称、提升工资、任命职务、派遣出国、分配住房等方面，他都主动谦让，被同事誉为“中国式保尔”。

1980 年 10 月，正当罗健夫全身心投入Ⅲ型图形发生器研制工作时，突然病倒，被诊断为晚期淋巴癌。在疾病面前，罗健夫不但没有被打倒，反而以更顽强的拼搏精神和乐观向上的态度泰然处之。为修改Ⅲ型图形发生器的图纸，他强忍病痛一头扎进资料堆。至 1981 年 10 月，他已独立完成Ⅲ型图形发生器的全部电控设计。

1982 年 4 月，罗健夫作为垂危患者住进医院。他不要组织派人照顾，在直面死亡时，反而经常劝慰同室的病人，帮助他们树立战胜疾病的信心。1982 年 6 月，罗健夫因医治无效逝世，年仅 47 岁。

1982 年下半年，《工人日报》《光明日报》等媒体连续刊登罗健夫的生平事迹。罗健夫在全国人民特别是在广大知识分子中引起极大反响，成为新一代知识分子的楷模。1983 年，国务院追授罗健夫“全国劳动模范”称号。

成仿吾
从文化人到革命战士

爬雪山、过草地，在举世闻名的二万五千里长征队伍中，走着一位个子不高、穿一身不合体的旧军装，却又显露着学者风度、操一口浓重湖南口音的红军战士，他就是红一方面军3万多名红军战士中唯一有教授头衔的人——成仿吾。他是第一个抗日模范根据地的第一任议长、共产党创办的第一所大学的首任校长，他为新中国教育事业的开拓和发展鞠躬尽瘁，奉献了一生。

成仿吾（1897—1984），原名成灏，笔名石厚生、芳坞、澄实，湖南省娄底市新化县人。无产阶级革命家、忠诚的共产主义战士、新文化运动的重要代表、无产阶级教育家和社会科学家、文学家、翻译家。

13岁时，成仿吾随大哥成劭吾东渡日本学习。在读完大学预科的工科后，他抱着富国强兵的志向考进日本东京帝国大学的造兵科，攻读枪炮专业。不久，他逐渐认识到救国不能光靠科学技术，更重要的是先要提高群众的思想觉悟，于是成仿吾弃工从文，投身于反帝反封建的斗争洪流中。五四运动后，成仿吾与郭沫若、郁达夫等人先后在日本和国内从事反帝反封建的革命文化活动，在上海建立了著名的革命文学团体——创造社。

1928 年，成仿吾在法国加入了中国共产党。入党后，他在法国边学习马克思主义边编辑中共柏林、巴黎支部的机关刊物《赤光》，从此开始了职业革命家的生涯。

1931 年，成仿吾从柏林回国。11 月，被派到鄂豫皖革命根据地任省委宣传部长，兼任省苏维埃文化委员会主席、红安中心县委书记。1934 年 1 月，作为鄂豫皖根据地的代表，他参加了在瑞金召开的中华苏维埃第二次全国工农兵代表大会，会上被选举为中央政府委员。

1934 年，王明“左”倾机会主义错误导致第五次反“围剿”失败，红军不得不开始长征。这时成仿吾久病初愈，体质虚弱，组织上想让他留在苏区。他却说：“我跟部队行动惯了，让我去吧！”于是成仿吾作为当时红军中唯一有大学教授头衔的知识分子，拖着虚弱的身子参加了长征，同徐特立一起任干部团政治教员。

长征到达陕北后，1937 年，中央决定成立陕北公学，成仿吾主持筹建工作，任校长兼书记。两年内该校为抗日前线输送干部 6000 余名。1938 年，他与徐冰合译《共产党宣言》，在当时传播马克思主义的阵地上引起了极大的反响。

在全面抗日战争和解放战争时期的晋察冀边区，成仿吾还担任了晋察冀边区参议长的重要职务，成功筹备召开了边区参议会，并被誉为“边区人民好议长”。

1949年12月，成仿吾任中国人民大学副校长。1952年10月，成仿吾出任东北师范大学校长兼党委书记。1958年8月，成仿吾改任山东大学校长兼党委书记。1977年3月，成仿吾出任中央党校党委常委，并负责中国人民大学的复校筹备工作。1978年7月，出任中国人民大学校长兼党委书记。此时，他已81岁。

1977年，成仿吾的《长征回忆录》出版，再现了长征全过程和所有重大事件，成为党史界研究红军长征史的经典书目。1984年5月17日，成仿吾在北京逝世，终年87岁。成仿吾曾这样总结自己的一生：“我是从文学革命到革命文学，从文化人到革命战士。”

谭 政 用笔战斗的大将

在中国人民解放军灿若群星的将帅行列中，几乎每一位将帅都有着传奇的经历。他们或是运筹帷幄、横刀跃马，或是攻关夺隘、取道突围……唯有谭政大将与众不同。这个参加革命的“教书先生”，从开始革命的那一天起，就以自己独特的战斗风格——敏锐的政治思维和特殊的战斗方式——运用手中的笔，在中国革命战争史上抒写了一幕幕有声有色、威武雄壮的史诗，成为风格独具的一代名将。

谭政（1906—1988），湖南省湘乡市人。中国人民解放军卓越的政治工作领导人。谭家比较注重子女的教育，谭政 6 岁的时候，家人将他送入位于七星桥的谭氏宗族的私塾。后来，他又考入东山学堂。从东山学堂毕业后，成为一名小学教员。

1927 年，谭政在妻兄陈赓的影响下，投笔从戎，参加了国民革命军。从踏入军营的那一刻起，他的命运就在不知不觉中与中国革命的命运联系在一起了。

“七一五”反革命政变后，谭政随陈赓离开汉口，参加了毛泽东发动和领导的秋收起义。三湾改编时，谭政第一次见到毛泽东，随后跟毛泽东上了井冈山。同年10月，谭政加入中国共产党，成为一名共产主义战士。不久，他被调任红四军前委秘书，在毛泽东身边工作，后来为毛泽东起草《古田会议决议》做了大量有益的工作。

在60多年的革命生涯中，谭政绝大部分时间从事军队政治工作，有着丰富的政治工作经验和很高的政治工作领导才能。在井冈山斗争及开辟赣南、闽西根据地的斗争中，谭政就十分注意总结政治工作经验，特别是以强有力的政治工作保证部队完成作战任务的经验，为人民军队初创时期政治工作的建设提供了宝贵的经验。他的这些报告现已成为研究红军政治工作的重要文献。1936年3月，他向中共中央、中央军委写了《关于红军中新的政治工作的意见》的报告。1944年受中共中央委托，在毛泽东等人的指导下，他起草并在西北局高干会议上所作的《关于军队政治工作问题》的报告，影响非常大。中华人民共和国成立后，谭政曾任总政治部第一副主任、主任，国防部副部长，中共中央书记处书记等职。从基层政治部主任直到总政治部主任，谭政以其求实的态度、积极的思维、辛勤耕耘，对人民革命战争的胜利和新中国成立后军队的现代化建设、对革命军队政治工作的创建及发展，都作出了重大贡献。

1955年，谭政被授予大将军衔。正如谭政80寿辰时徐向前元帅给他的贺信中所指出的："您对人民军队的政治工作的建树，您对革命的功绩，是永不磨灭的。"

1960年，谭政遭林彪迫害。1980年，中共中央对谭政受到的政治诬陷给予平反。1988 年 7 月，谭政被授予一级红星功勋荣誉章。同年 11 月 6 日，谭政因病逝世，享年 82 岁。1989 年，谭政被评选为中国人民解放军 33 位军事家之一。

朱良才
能文能武，军之良才

朱良才上将一生南征北战，保卫过黄洋界，围剿过张辉瓒，还曾断臂沙场。中华人民共和国成立后作为开国上将，他第一个要求退出领导岗位，还撰写过《一根灯芯》《朱德的扁担》等传世佳作，可谓能文能武。毛泽东评价他说："军事上过硬，政治上合格，是军之良才。"

朱良才（1900—1989），湖南省郴州市汝城县人。中国人民解放军高级将领、上将。上学期间，朱良才阅读了大量进步书刊，心中渐渐萌生了爱民救国的革命思想。1925 年，朱良才加入湖南农民运动的队伍，从此走上革命道路。

1928 年 1 月，朱良才参加湘南起义，在工农革命军第一师任秘书。到井冈山后，他任中国工农红军第四军连党代表、军部秘书，参加了反"进剿"、反"会剿"和保卫井冈山的战斗。

1929 年初，朱良才随红四军主力向赣南、闽西挺进，参加大柏地、长岭寨、龙岩、上杭等战斗。12 月出席中共红四军第九次代表会议（古田会议）。

1930 年，朱良才任第三纵队第七支队政治委员、红三军第九师政治委员。在中央苏区第一次反“围剿”作战中，与师长徐彦刚率部从正面攻占国民党军第十八师师长张辉瓒的指挥部，与兄弟部队一起全歼该师师部另两个旅，并生俘张辉瓒。

1934 年，朱良才任红五军团第三十四师政治部主任。长征途中，任中革军委总卫生部政治委员兼政治部主任，经常亲自组织医疗抢救工作。

1936 年 10 月，朱良才随红四方面军西渡黄河，后任红三十军政治部副主任兼组织部部长。1937 年 3 月，西路军失败后，朱良才只身一人，不畏艰险，经 36 天化装潜行，回到陕北。因作战中曾多次负伤，他的右臂留下了终身残疾。

抗日战争爆发后，朱良才任八路军驻兰州办事处秘书长。他深入调查，多方联系，机智灵活地同国民党顽固派进行有理、有利、有节的斗争，营救了大批革命志士和西路军失散人员。

1938 年秋，朱良才到晋察冀军区，先后任晋察冀军区政治部副主任、主任。在艰苦的战斗环境中，他重视部队思想政治建设和宣传文化工作，积极倡导和组织开展模范党支部和杀敌立功运动，及时发现和宣传了“狼牙山五壮士”“民兵英雄李勇”“子弟兵的母亲戎冠秀”等先进典型，同时还培养了邓拓等宣传文化领域的领军人物，为巩固和发展晋察冀抗日根据地作出了重要贡献。

中华人民共和国成立后，朱良才任华北军区政治部主任兼华北军政大学政治委员、华北军区副政治委员兼政治部主任。

1955 年，朱良才任北京军区政治委员，在军队现代化、正规化建设中，努力发扬人民军队的光荣传统，维护党对军队的绝对领导，坚持以基层党支部为基础，注意总结推广新经验，加强部队政治工作建设。1958 年，朱良才主动要求退出领导岗位，离职休养。

虽然人从工作岗位上退下来了，但朱良才的心一刻也没有离开。退出领导岗位后，朱良才仍以高度的历史责任感撰写了《朱德的扁担》《这座山，它革命！》等闪烁着我军革命光辉的回忆文章，成为革命传统教育的生动教材。

鲁运新
烈火铸金魂

1993年农历正月十五，五尖山山火爆发，鲁运新一马当先，带领干部群众与山火搏斗。火借风势，烈焰肆虐。他在85个小时内，翻越了5座山头，参加了两场灭火，救下了4名同伴。在救助最后一名同伴时，他用尽全身力气把战友推向安全防火线外，自己却被卷入火海……

鲁运新（1949—1993），湖南省临湘市人。中国共产党员，临湘市公安局五尖山林业派出所副所长。

1968年，鲁运新上山下乡当了林业工人，在山区扎根25年。他当过生产队长、林业检察员、林场副场长、森林公安民警、教导员。25年里，他干一行爱一行，为保护森林资源、打击毁林犯罪作出了突出贡献；他乐于助人，被人称为“活雷锋”。他先后32次被评为省、地、县先进工作者和优秀共产党员，受到记功奖励。

每年元宵节前后，五尖山林场时不时有报险信息，鲁运新带领值班的林场职工穿梭在几十平方公里的五尖山林场各个角落，劝说、阻止群众带火上山，控制火源，组织扑灭发生的火险……

1993 年 2 月 6 日正是元宵佳节。7 日凌晨 2 点，对讲机里传来山林起火的消息。鲁运新顾不得一身疲惫，抓起手电筒飞奔火灾现场，迅速开展扑救，自己既当指挥员，又当战斗员。经过 7 个多小时的奋力拼搏，他带领 30 多位抢险队员扑灭了一个又一个山头的明火，火情得到有效控制。

上午 10 时，当扑救到最后一个山头时，突然狂风大作，风助火势，山火瞬间由地表火形成树冠火，喷涌而起。有着 130 多次扑火经验的鲁运新知道，树冠火是难以扑灭的，巨大的危险即将来临，如果继续待在原地扑火，很有可能造成重大人员伤亡。他果断下达命令，要求现场参与扑火的 30 多名抢险队员立即向安全地带撤离，自己却冒着生命危险留在后面，组织大家在荆棘密布的丛林中有序转移。就在他把最后一位扑火队员黄云英推向安全防火线外时，自己却被熊熊烈火无情地包围，献出了年仅 44 岁的宝贵生命。

1993 年 8 月 10 日，公安部追授鲁运新“全国公安战线一级英雄模范”称号。鲁运新成为中华人民共和国成立以来，森林公安战线第一位获此殊荣的人。同年，中共湖南省委、省人民政府追授他为优秀共产党员、革命烈士。

彭明治
“将军大使”

彭明治将军参加过东征、北伐战争、长征、抗日战争以及解放战争，在战场上屡建奇功。中华人民共和国成立后，他响应国家的号召，成为新中国第一批外交大使。这位“将军大使”，怀着对祖国的无比热爱，以战斗的姿态投入到纷繁复杂的外交战场，在国际舞台上一展新中国外交官的风采，赢得了驻在国领导和人民对新中国的友好和信任，为开创新中国外交格局作出了杰出的贡献。

彭明治（1905—1993），湖南省常宁市人。1924 年入黄埔军校一期军士教导队学习。曾参加讨伐陈炯明的两次东征。1926 年夏在国民革命军第四军叶挺独立团任排长，参加北伐战争。1927 年参加南昌起义，任第二十五师七十三团代连长。

1930 年参加中国工农红军，同年加入中国共产党，后历任红三军直属队连长、教导队队长，第七师第十九、二十团副团长，第九师二十六团团长，参加中央苏区历次反“围剿”。

全国抗战爆发后，彭明治先后任八路军第一一五师三四三旅六八五团参谋长、团长。1938 年 10 月，六八五团改编为苏鲁豫支队，彭明治担任支队司令员，领衔东进，开辟苏鲁边抗日根据地。一年中，苏鲁豫支队同日军进行了大小战斗 76 次，毙伤日伪军 1.18 万余人，开辟了 6 万多平方公里的抗日根据地，使苏鲁豫战局发生重大变化。

1940 年 8 月，苏鲁豫支队被改编为八路军第五纵队第一支队，转赴淮海地区。1941 年皖南事变后，第一支队被改编为新四军第三师第七旅，彭明治任旅长。第七旅作为军部的机动部队，转战苏北、淮北、淮南等地，作战 1500 余次，击毙日伪军 5000 余人，被陈毅军长称为“华中主力的主力，党指到哪里，就是哪里的钢铁部队”。

解放战争时期，彭明治转战东北战场。曾任东北民主联军第三师七旅旅长、第四野战军第十三兵团副司令员兼参谋长等职，率部参加四保临江、平津、衡宝等战役。他作战勇猛，屡建战功。在四平保卫战中，身患肺结核的彭明治，多次吐血，但他以顽强的毅力与病魔做斗争，让战士用担架抬着指挥作战。

1946 年 2 月，彭明治作为东北联军前线总指挥指挥秀水河子战役，毙伤敌 700 余人，俘敌 900 余人，缴获大量武器，打击了国民党军的气焰，打破了有美制装备的国民党军主力不可战胜的神话，鼓舞了我军士气。

中华人民共和国成立后，彭明治被中央领导点将为新中国第一批驻外使节人选之一。接到中央命令时，彭明治正在广西指挥剿匪。军令如山，彭明治收拾行装，随即北上京城到外交部报到，接着参加外交部举办的大使培训班。

1950 年 6 月 8 日，毛泽东主席任命彭明治为中华人民共和国驻波兰人民共和国特命全权大使。作为新中国第一任驻波大使，彭明治在摸索中工作、学习，建立起使馆各项规章制度，让使馆工作逐步走上正轨。彭明治积极推动中波交流，亲自办理首批中国赴波兰留学生的安置工作，还积极筹备各种文化交流活动。彭明治大使驻波近两年，全力加强中波友好关系，取得了丰硕的外交成果。

彭明治于 1988 年被授予一级红星功勋荣誉章。1993 年 5 月，彭明治在北京逝世。

李达

建党先驱 理论巨匠

李达，作为党员，两次入党都“轰轰烈烈”。他是中共一大仅3人的中央局成员之一，任宣传主任；第二次入党，毛泽东做他的历史证明人，刘少奇做他的入党介绍人，经中共中央特许，没有预备期。作为学者，他倾一生于马列研究，完成21部专著、31部译著，总计200多万字，被毛泽东称为“理论界的鲁迅”。

李达（1890—1966），名庭芳，字永锡，号鹤鸣，湖南永州市人。刚满5岁，李达就跟着父亲识字，先后就读于永州中学、北京京师优级师范学校（北京师范大学前身）。1912年秋，因学校暂时停办，李达返回湖南。他先在一所中学任教谋生，后又分别在湖南工业专门学校和湖南优级师范读书。

辛亥革命爆发后，受孙中山“大办实业，以利国富民强”思想影响，1913年和1917年，李达两次赴日本留学，攻读理科，力图“实业救国”“科技救国”。1919年五四运动爆发后，李达开始阅读马列主义书籍，最终放弃理科专业，师从日本著名马克思主义学者河上肇。《什么叫社会主义》《社会主义的目的》等文章，都是李达在日本留学时撰写并寄回国内发表的，这使他成为中国传播马克思主义的一位先驱者。

1920年，李达接受陈独秀邀请，与陈独秀、李汉俊等共同发起筹建中国共产党，同年8月在上海成立了中国第一个共产党早期组织。作为中共上海发起组代理书记，李达主编党的秘密刊物《共产党》。

1921年6月，共产国际代表马林到上海。经过李达、马林等人反复商量，最后决定于1921年6月下旬召开中国共产党第一次全国代表大会，后因代表未能如期到上海，推至7月下旬举行会议。李达作为中国共产党发起组的代理书记，承担了中共一大的主要筹备工作。大会选定李达为宣传主任。

1923年夏，李达与陈独秀在国共合作问题上发生争执和分歧，随后离开党组织。虽然脱党，李达仍从事马克思主义研究，即使在国民党的“白色恐怖”下，也从未放弃自己的信仰。“九一八”事变后不久，在暨南大学做演讲时，被特务打断右臂骨和右锁骨的李达说：“反动派打断了我的右臂，不让我再拿笔，要我放下武器办不到！我一定要把右手锻炼得和好手一样。”

1949年底，李达再次入党。他继续从事理论工作和高等教育工作，以极大的热情从事马克思主义理论研究，特别是毛泽东哲学思想的研究和宣传，撰写了《实践论解说》《矛盾论解说》等通俗读本，受到广大读者的欢迎和好评。1953年，已逾六旬的李达担任武汉大学校长。他是武汉大学迄今任期最长的校长。

在长达13年半的任职期内，他为武汉大学的建设和发展倾注了巨大的心血，直至生命最后一刻。

李达历尽曲折人生但始终一心向党，他毕生研究、传播马克思主义，撰写、翻译和出版了大量马克思主义理论著作，为后人留下了宝贵的精神遗产。

胡宗亮　吴娅莉
洪涛中化作永恒

汹涌的洪水，岌岌可危的便民桥，不愿疏散的百姓……危急时刻，两道身影冲上桥面，他们不顾危险，一个高举双手拼命晃动，示意对面的群众不要过桥；一个高声疾呼："不要过来，这里很危险……"轰的一声巨响，他们的身影，瞬间随着坍塌的桥面卷入洪涛，化作永恒。他们挥动的双手、生命的疾呼，将永远铭刻在许家洞人民的心中。

胡宗亮（1944—1999），湖南省益阳市人。1965年，胡宗亮应征入伍，同年10月加入中国共产党。1976年6月，胡宗亮从部队转业到郴州地区（现郴州市）许家洞人民公社任公安特派员；1983年5月起，历任许家洞派出所指导员、所长。1998年5月，胡宗亮退居二线。1999年8月13日清晨，胡宗亮正准备坐儿子的车去医院住院。汽车开出不到200米，胡宗亮便看到所长张朱明、教导员吴娅莉正带领民警在洪水中帮群众抢运财产。他立即决定推迟住院，留下来参加抗洪抢险。

吴娅莉（1956—1999），湖南省郴州市宜章县人。1973年4月，即将高中毕业的吴娅莉响应党的号召，到郴州马头岭公社马头岭大队参加劳动。1974年12月，她被安排到711矿三工区食堂工作。1978年8月，由于工作突出，吴娅莉被调到郴州市公安局许家洞派出所工作。一年后，她加入了中国共产党。1992年起，她开始担任许家洞派出所副教导员、教导员。1999年8月13日清晨6时许，刚动完手术不久的吴娅莉经过便民桥去派出所上班。她发现，因为连续暴雨，郴江河水位暴涨，大有越过堤岸之势。不久，吴娅丽便发现洪水已涨到了派出所门口。她迅速跑出派出所，涉水沿街提醒居民，督促他们尽快转移。随后，她又和所长张朱明一起，组织6名民警来到河东街，帮助群众转移财物。11时30分，吴娅莉蹚过齐腰深的洪水，救出家住河边已76岁高龄的孤寡老人陈桂香。

14时10分，牵挂着许家洞桥头围观群众生命安全的胡宗亮、吴娅莉与所长张朱明一起爬上办公楼屋顶察看灾情。当发现许家洞和711矿的交通要道许家洞桥头围观的群众有近百人，桥已有两处下沉，随时都有倒塌的危险后，胡宗亮和吴娅莉立即跑下屋顶，带着民警何罗云于14时20分赶到大桥东头设置警戒线，疏散群众。洪水仍在继续猛涨，便民桥已经严重变形，有围观群众不听劝阻，继续向桥上移动，情况异常危急。“群众安危第一！”危急之时，胡宗亮、吴娅莉和何罗云三人不顾危险，胡宗亮高举双手，拼命晃动，示意对面的群众不要过桥，吴娅莉高声大喊：“不要过来，这里很危险！”话音刚落，随着一声巨响，许家洞大桥全部倒塌，吴娅莉、胡宗亮随着断桥沉入洪水之中，壮烈牺牲。桥东西两头近百名围观群众由于疏散及时，无一人伤亡。这一年，胡宗亮55岁，吴娅莉43岁。

两位英雄的壮举让郴州上下为之动容。虽公路被洪水冲毁，但社会各界团体、许多市民纷纷自发前往许家洞悼念两位英雄。

1999年8月，胡宗亮、吴娅莉被中共郴州市委、市政府追授“抗洪抢险特等功臣”；1999年9月14日，二人被湖南省人民政府追认为革命烈士；同年9月30日，二人被公安部追授“全国公安战线一级英雄模范”称号。

蒋学远

人民公安为人民

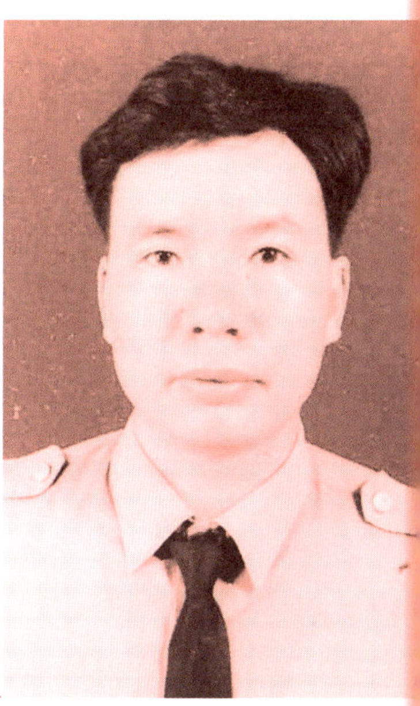

他主动请命，为追捕逃犯连夜踏上征途；他临危不乱，把生的希望留给别人；他一生正气，虽已远去却从未离开。他就是1999年11月24日被公安部追授为“全国公安系统一级英雄模范”称号的蒋学远。他用短暂而辉煌的一生书写了一个人民警察的正气之歌，用生命实现了“人民公安为人民”的誓言。

蒋学远（1964—1999），湖南省永州市宁远县人。1984年参加工作，1999年2月任宁远鲤溪派出所所长，二级警司警衔。

1999年9月16日下午快下班时，一条重要线索摆到了蒋学远的案头——1998年在宁远犯案的两名在逃犯在广东某地出现。蒋学远立即召集民警研究制订追逃方案，并带队追逃。县局领导考虑到追逃民警不认识两名逃犯，派镇干部姜某某、陈某某协同参战。

17日晚，蒋学远带领一名民警及镇干部借用鲤溪粮站一辆双排座工具车出发了。这一晚风雨交加，能见度很低。车中，蒋学远坐在前排靠右窗位置，陈某某前排居中，其他几位同志坐后排。也许是因为劳累，他们打起了瞌睡，唯有蒋学远瞪着双眼注视前方，不断提醒司机注意安全。

晚上 11 时 20 分，车辆行至郴州市嘉禾县车头镇毛家桥路段，由于连日暴雨，河水陡涨，漫向田野，几乎淹没了道路桥梁。车辆猝不及防地冲入水中，车上昏睡着的人也人被震动惊醒。蒋学远大声地提醒大家："不要急，不要急，要冷静。"话音刚落，"嘭咚"一声，整个车头插入河水中，车辆向左翻转，重重地砸到了离桥栏 3 米左右的渡槽上，挡风玻璃及后窗玻璃被震碎，湍急的河水瞬间淹没到蒋学远一行人的胸部。紧靠着蒋学远的陈某某急得大哭了起来。蒋学远一边要陈某某沉着点，一边用左手抓住陈某某的右手，用右手摸门开关。但由于水的压力，车门无法打开。这时，蒋学远发现只有从破碎的挡风玻璃处才能出去，于是他一只手紧紧抓住陈某某，另一只手把住挡风玻璃的框沿，朝前方一用劲，将陈某某一起带出了驾驶室。可还没来得及喘上一口气，一个浪头打过来，又把他们卷进了漩涡。

蒋学远在漩涡中奋力将陈某某托出水面。他一只手托着不识水性的陈某某，一只手奋力划着水，在陈的后面尽力地推着划向岸边。此时，雨下得更大了，河水也越来越急。突然间，陈某某感觉到背部受到一股猛力，身体向前飘移了一大步，她抓住了河岸的一把水草，爬上了岸。可当她回过头看时，刚才还托着她的蒋学远却不知去向。

18 日凌晨 5 时，在嘉禾县公安机关的帮助下，大家在离事发地两公里的下游河段找到了蒋学远的遗体。

蒋学远，一个刚刚走上所长岗位不到9个月的年轻所长，就这样在全国追逃专项斗争中，没来得及与妻子、女儿说一句话，匆匆地离开了人世。

蒋学远同志不为名利，默默奉献，服从组织，听从安排，党指向哪里，他就奔向哪里。他疾恶如仇，能征善战。1995年来，他指挥和参与侦破的各类刑事案件112起，抓获犯罪嫌疑人134人，为人民群众挽回经济损失40余万元。他安于清贫、恪尽职守，一心扑在工作上，近4年共加班加点446天。他心地善良，乐于助人，先后帮助多名失学儿童走进校园，先后多次被评为“先进工作者”。

蒋学远的一生是短暂的，但又是辉煌的，他用短暂而辉煌的一生书写了一个人民警察的正气之歌，用生命实现了“人民公安为人民”的誓言。1999年11月24日，公安部追授蒋学远为“全国公安系统一级英雄模范”称号。

郑培民
做官先做人　万事民为先

他是一个高官，但更像一介平民。他是一个深爱家人的普通男人，更是一个忠心耿耿的人民公仆。他爱民、亲民、一心为民，他的名字与杨善洲、任长霞、孔繁森、焦裕禄等一起被传颂、被怀念。他，就是郑培民。

郑培民（1943—2002），河北省邯郸市武安市人，出生于吉林省海龙县。1962 年考入吉林大学物理系，1969 年加入中国共产党，1968 年至 1970 年初在辽宁省 3275 部队锻炼，1970 年 3 月被分到湖南省湘潭配电机厂工作。曾任中共湘潭市委书记、湘西土家族苗族自治州州委书记、湖南省人民政府副省长、中共湖南省委副书记、湖南省人大常委会副主任。

郑培民是新时期领导干部的优秀代表。他身居领导岗位，心系人民群众，在 20 多年的领导工作中，始终把“做官先做人，万事民为先”作为自己的行为准则，廉洁从政，艰苦奋斗，尽职尽责，鞠躬尽瘁，真心诚意地为人民谋利益，以自己的模范行为和崇高品德，赢得了广大群众的衷心赞誉，集中体现了当代共产党人的精神风貌。

郑培民是群众的贴心人。为了带领湘西群众脱贫致富，他爬过湘西最难爬的山，走过湘西最难走的路，去过湘西最穷的村子，住过湘西最穷的人家。

1990 年 5 月，郑培民出任湘西土家族苗族自治州州委书记。他一上任就问："哪个村子最穷啊？"随后，他就去了当地最穷的叭仁村。叭仁村是个为水发愁的村庄，滴水贵如油，接济不上时，村民之间宁愿出借粮食，也不愿让邻居拎走一桶水。郑培民实地调查后，想方设法为村子接了水、通了电，村民们再也不用拎着重重的木桶，走到 8 公里之外的山沟去提水了。两年多的时间，郑培民跑遍了湘西 218 个乡镇，住过 30 多个乡镇。这还只是一个粗略到乡镇级，尚不包括村寨级的统计数据。除去在省里州里开会、办公需要的时间，在"开门见山"的湘西，这是一个让郑培民没有多少时间休息的数字。

1998 年夏天，洪水席卷三湘大地。湖南省常德市安乡县受到长江、澧水和沅水三大水系夹击，导致该县安造垸溃垸。当时，这个垸子里有县城和 5 个乡镇、1 个农场，共 18 万人，其中 3/4 的人口和财产集中在安乡县城。如果县城不保，那么汹涌而来的洪水可以一直淹到人们住房的三楼。在危急存亡之时，时任省委副书记的郑培民赶赴抗洪抢险前线，来到安乡安营扎寨，住进"水围子"，与百姓一起抗击洪水，赶在洪水扑到之前，抢修了一条 11 公里的隔堤，保住了安乡县城。

在大堤上，郑培民整整待了60多天，瘦了足足10多公斤，在400公里的长堤上不知道来回走过了多少遍。大战之下，就着堤外滚滚洪水，郑培民坐在堤上，吃着盒饭，静静地度过了自己55岁的生日。

2002年3月11日，郑培民在北京参加中央组织的党的十六大干部考察工作中，因心肌梗死，不幸倒在了工作岗位上，时年59岁。当年6月，中组部、中宣部将郑培民列为焦裕禄、孔繁森式的重大典型，从中央到地方，迅速掀起了学习郑培民，坚持执政为民、当好人民公仆的热潮。2006年，郑培民被追授为“全国优秀共产党员”。2018年，在“伟大的变革——庆祝改革开放40周年大型展览”中，郑培民作为优秀共产党员，被列为改革开放40年“榜样的力量”。

雷　宏

新时代欧阳海之歌的谱写者

1963年的11月18日，23岁的人民解放军战士欧阳海为了保卫旅客和列车的安全，奋力将战马推出了铁路，自己却倒在了车轮之下。40年后的2月6日，一个身影在距离欧阳海牺牲地点仅35公里的地方，同样冲上股道推开摩托车，排除了危及旅客和列车安全的险情，舍生忘死，谱写了一曲新时代的欧阳海之歌。他，就是铁路民警雷宏。

雷宏（1979—2003），湖南省衡阳市人。1999年7月，雷宏以优异的成绩考入公安部郑州铁路人民警察学校。2001年7月，他被分配到广州铁路公安局衡阳公安处衡阳北站派出所，先后在编组场警区和出发场警区担任执勤民警。

2003年2月6日，农历正月初六。人们还沉浸在新春佳节的喜庆氛围中，一年一度的铁路春运也处在最繁忙、最紧张的时期。为确保春运期间铁路大动脉的安全畅通，当天下午，雷宏奉命执行线路安全巡查任务，行进在管辖区内的铁道线上。

15时37分，在京广铁路K1736+260M处，两个村民推着一辆无牌的红色摩托车，违章横穿铁路。摩托车的前轮卡在铁路下行线股道中心，动弹不得。这时，从北京西开往广州的T15次特快旅客列车风驰电掣而来，两人顿时慌了手脚，弃车而逃。列车以每小时约140公里的速度逼近，300米，200米……眼看一场车毁人亡的惨剧就要发生。千钧一发之际，巡视到此处的雷宏发现了险情，他像离弦的箭一样，飞身跃上铁路，双手抬起摩托车的尾部，用力向后拉去，在列车呼啸而至的一刹那，将摩托车拖出了股道。可此时，雷宏身后的上行铁路线上，广州开往岳阳的一趟列车飞驰而来，两列高速异向行驶的列车交会所产生的压力波将尚未站稳脚跟的雷宏撞倒。鲜血溅在了枕木和道砟上，雷宏当场壮烈牺牲……他用短暂的青春，用23岁的生命，为了人民的利益，为了春运的安全，谱写了一曲新时代的欧阳海之歌。

雷宏牺牲后，中宣部追授他为“全国公民道德建设先进典型”；《人民日报》刊发记者调查《一个英雄的背后》；中华全国总工会追授他“全国五一劳动奖章”；共青团中央追授他为“全国优秀共青团员”；公安部追授他“全国公安系统一级英雄模范”称号；铁道部追授他“人民铁道卫士”荣誉称号；中共湖南省委追认他“中共正式党员”；湖南省人民政府追认他为革命烈士。

张杰明
永不消逝的警魂

2003年9月8日，一场烈士追悼大会在湖南革命陵园隆重举行，几千人含泪送行。从此，一个英雄的名字响彻三湘大地。他，就是被公安部追授“全国公安系统一级英雄模范”称号、浴血擒凶，壮烈牺牲的长沙市公安局巡警支队芙蓉大队巡警张杰明。

张杰明（1972—2003），湖南省宁乡市人。1992年，长沙市公安局面向社会招录巡警。高中毕业的张杰明以优异的文化成绩和体能成绩，通过层层遴选，1993年1月成为一名光荣的巡逻民警。在10年的巡警生涯里，业务技能强、体能素质好的张杰明惯于冲锋在前，因工作突出两次被评为“优秀公务员”，四次被支队评为“优秀民警”。更令人赞叹的是，张杰明办案10年，没有一起退回，没有一起申诉。

2003年8月30日19时30分，一切如同往常一样，张杰明整理了一下自己的警装，正了正头上的大檐帽，便走出家门上岗值勤。

8月31日4时11分，张杰明所在的12号巡逻车组正在长沙市芙蓉区解放路一带值勤。这时，车组突然接到长沙市公安局110指挥中心的紧急指令：“有3名盗窃犯罪嫌疑人已翻门进入芙蓉区育英学校，命令你们火速出警。”案情紧急，张杰明立即掉转车头，和同事陈卫、罗细海一道飞速赶往现场。3分钟后，3人赶到案发地点育英学校门口，和报案的湖南大剧院保安人员范建国、陶定其一道进入校内进行搜查。5分钟后，当搜查到育英学校综合楼附近时，他们发现一楼财务室的玻璃窗内透出一道一闪即逝的亮光。歹徒在里面！张杰明当机立断，安排两人把守门口，自己带领两人进入伸手不见五指的楼道，小心地向前搜索。搜到一楼楼梯间时，他们突然发现墙角站着3个黑影。张杰明大喝一声：“我们是警察！别动！”3名歹徒闻声，各拿一把三角刮刀，疯狂地向他扑过来。

一场生死搏斗开始了。冲在最前面的张杰明一把拦住一名歹徒，搏斗中，他的手电筒掉落在地，顿时，楼道内一片漆黑。这时，两名歹徒拼命往外逃，罗细海等民警赶紧追了出去。张杰明一个人在楼道内与另一名凶残的歹徒展开了激烈的搏斗。因视线不清，来不及避让，张杰明被歹徒用三角刮刀刺中，鲜血从左胸部喷涌而出。在身负重伤的情况下，张杰明为了不让歹徒逃脱，用尽全身力气猛扑上去，死死抱住歹徒袁某并扼住其咽喉。袁某脱身不得，愈加疯狂地用三角刮刀向张杰明身上猛刺。张杰明连中18刀，鲜血直流。但他强忍剧痛，不仅没有放手，反而更加用力地箍紧歹徒，就这样一直从楼梯口搏斗到楼道外，鲜血染红了23.6米长的楼道，直到从外追赶其他两名歹徒的战友和保安赶回，合力将歹徒袁某制服，张杰明才松开手。此时，英雄已流尽最后一滴血。张杰明壮烈牺牲，年仅 31 岁。

同年 9 月 8 日，张杰明的追悼大会在湖南革命陵园隆重举行，几千人为他送行。9 月 25 日，公安部追授其为“全国公安系统一级英雄模范”，湖南省人民政府追认其为革命烈士。

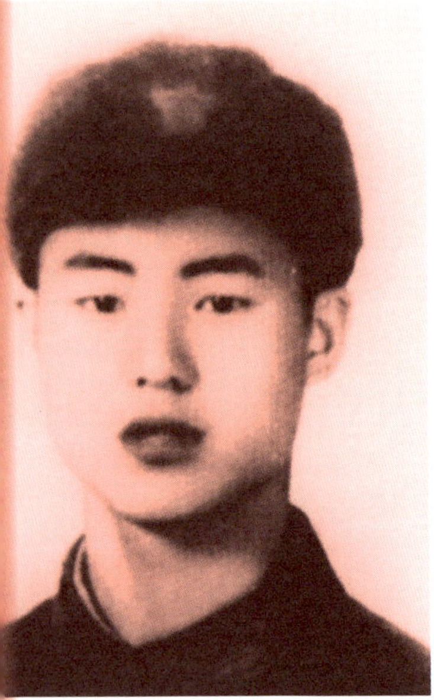

杨松林
为了那片湛蓝的海

44 年前，在西沙群岛那片湛蓝的海面上，为了保卫西沙领土，我国南海舰队的四艘战舰，痛击悍然来犯的南越海军，赢得了一场以弱胜强的经典战役。这场战役，首开中国海军击沉外国军舰的纪录。海战中，有 18 名壮烈牺牲的官兵从此长眠于祖国最南端的烈士陵园内。杨松林，就是这 18 名官兵之一。

杨松林（1949—1974），湖南省衡山县人。作为家中长子，杨松林早早地就进入工厂工作，虽然工资不多，但在年少的妹妹眼中，哥哥就是她的避风港。杨松林的父亲是一位抗美援朝老兵，或许是受父亲影响，杨松林从小就有从军报国的伟大志向。1968 年，在衡阳市绝缘材料厂已经手艺纯熟的杨松林毅然辞工，报名参军，并如愿以偿来到了中国人民解放军海军南海舰队。1972 年 8 月，杨松林光荣地加入了中国共产党。

1974 年 1 月，宁静的西沙群岛被炮火“惊醒”，南越海军的舰艇陆续入侵西沙海域，占领了永乐群岛中的金银岛和甘泉岛。杨松林所在的389舰是中国海军20世纪50年代的老舰艇，接到命令时，刚完成一年厂修，归建仅3天，甚至还来不及试航、试炮，便连夜开赴西沙参加海战。经过一番殊死激战，虽然南越“怒涛”号受伤而逃，但389舰实际上也是带伤追击。389舰当时的指挥台已被敌人的炮火打坏，人员伤亡很大。但全舰官兵同仇敌忾，视死如归，坚守战斗岗位，英勇作战。

杨松林是389舰的扫雷电工班班长，在战斗中，他冒着枪林弹雨，不停地给在甲板上的炮位战友们运送炮弹。敌人的火力非常猛烈，一发炮弹直接击中了甲板上的杨松林，他的躯体被炸得四分五裂，永远留在了那片湛蓝海域，年仅25岁。

最终，海战以中国海军18人壮烈牺牲、67人英勇负伤，换来了击沉南越海军护卫舰1艘、击伤驱逐舰3艘的辉煌战果，更重要的是此战收复了被侵占的甘泉、珊瑚和金银三岛，使西沙群岛全部回归祖国怀抱。这次海战，也成了中国海军历史上第一次对外国海军作战的胜利。战后，杨松林与一同牺牲的战友，被授予“一等功臣”称号。

杨松林

谭千秋
大爱无声铸师魂

地动山摇中，他弓着身子，张开双臂紧紧地趴在课桌上，伴着雷鸣般的响声，砖瓦、水泥板纷纷砸在他的头上、手上、背上，热血顿时奔涌而出；他咬着牙，拼命撑住课桌，如同一只护卫小鸡的母鸡，他的身下蜷伏着4个幸存的学生，而他张开“守护翅膀”的身躯定格为永恒……谭千秋用自己51岁的宝贵生命诠释了师德，诠释了爱与责任的师魂。

谭千秋（1957—2008），湖南省永州市祁东县人，中共党员。1978年3月，谭千秋以优异的成绩考入湖南大学。1982年大学毕业后，学校准备让他留校任教。当学校领导征求他的意见时，他主动请缨：“我要到祖国最需要的地方去！”当年，谭千秋被分配到四川省绵竹市东方汽轮机厂工作，先后在东方汽轮机厂的职工大学和东汽中学任教，在那里一扎根就是26年。1996年，一个朋友准备把谭千秋调回衡阳，待遇从优，被他婉言谢绝。父母见他离家太远，极力劝说他回来，他便耐心地对父母说：“湖南培养了我，四川养育了我，还是在四川多干几年再说吧。”后来，更多单位高薪聘请他去工作，他还是选择留在四川，将自己的青春和梦想全献给了这片热土。

2008年5月12日，四川省阿坝藏族羌族自治州汶川县发生里氏8.0级大地震。位于四川省绵竹市汉旺镇的东汽中学距离汶川地震震中仅30多公里。地震发生时，谭千秋正在高二（1）班给学生们上课。突然，课桌椅开始抖动，紧接着整间教室都开始剧烈摇晃，谭千秋意识到地震了。他立即紧急疏散学生，冲他们喊道："快跑！"然而，在特大地震来袭的那一刻，短短的几秒钟，教学楼便开始坍塌。谭千秋下意识地把离他最近的4名学生拉了过来，将他们藏在桌子底下，而他自己却趴在桌子上，用血肉之躯保护他们。

地震让东汽中学沦为一片废墟。震后，那里成了救援的重点区域之一。5月13日22时12分，当搜救人员从东汽中学教学楼坍塌的废墟中搬走压在一名教师身上的最后一块水泥板时，所有抢险人员都震惊了。只见那名教师像雄鹰一样张开双臂，紧紧地趴在课桌上，在他身下，蜷伏着4名幸存的学生。谭千秋用自己的血肉之躯，为学生们撑起了一道生的闸门。

震后，中央组织部追授谭千秋"抗震救灾优秀共产党员"称号，人力资源社会保障部、教育部追授其"教育系统抗震救灾英雄"荣誉称号。2009年9月，谭千秋被评为"100位新中国成立以来感动中国人物"。

如今，一座由湖南援建、以谭千秋名字命名的中学在地震灾区德阳市旌阳区拔地而起，校园里的谭千秋雕塑令人肃然起敬。谭千秋走了，但"千秋精神"却仍在传承。

宋文博
爱民模范

在他的人生履历中，时刻闪烁着这样几个关键词：赴汤蹈火、扶危济困、呕心沥血、鞠躬尽瘁、全心全意为人民服务……是的，他用自己10多年的军旅生涯，诠释了“忠诚可靠、服务人民、竭诚奉献”这12个滚烫大字的深刻内涵。他，就是宋文博。

宋文博（1972—2009），湖南省衡阳市人。1990年12月入伍，1992年5月加入中国共产党，1994年考入昆明消防指挥学校，曾任湖南省公安消防总队邵阳支队洞口大队政治教导员。

2009年6月9日，邵阳市洞口县境内普降暴雨，河水猛涨，山洪暴发，房屋倒塌，多名群众被洪水围困。凌晨2时35分，洞口县消防中队接到县公安局110指挥中心指令前往现场抢险救援。宋文博受命后，带领11名官兵组成抗洪抢险突击队，顶着暴雨向重灾区花园镇急驰而去。由于通往宝湾、龙头、黄金三村的公路被洪水淹没，消防车无法通行，宋文博只好带领官兵绕道跑步奔往宝湾洪峰区。

在行进中，由于天黑、路滑、雨大，加之后方山路塌方，宋文博不慎摔了好几跤，左腿扭伤，行走困难。但他强忍着剧痛，以顽强的毅力，坚持以最快的速度，率领突击队员第一时间赶到灾区。赶到现场后，只见整个村子一片汪洋，洪水仍然在急速上涨，四处传来群众的呼救声，救援形势极为严峻。

宋文博当即部署展开救援行动。他把突击队分成两个战斗小组，一组负责营救老人和小孩，另一组负责组织被困群众向附近安全地带和山坡高地迅速疏散转移。为确保所有被困群众及时脱险，救援队员在岸边坚固处系牢安全绳，蹚着齐腰深的洪水，组织对水淹区房屋进行挨家挨户搜寻。

救援中，严重的体力透支使宋文博的两腿不听使唤，他几次昏倒，但他早将自身生死置之度外，咬紧牙关连续作战，直到把所有被困群众全部解救出来。由于他指挥有力，处置得当，在他的带领下，到13时55分，220名被困群众全部成功疏散转移。在这次抗洪抢险救援中，消防官兵快速出动、英勇顽强，全力以赴营救群众生命。他们的英雄壮举受到当地党委、政府的高度肯定，得到了灾区群众的交口称赞。被救出的群众拉着宋文博的手满含热泪地说："要不是你们的及时营救，我们可能早就被洪水冲走了，你们就是我们的救命恩人啊！"那一天，洞口县22个乡镇不同程度受灾，其中花园镇、高沙镇、毓兰镇受灾最为严重。全县216088人受灾，水淹房屋2500栋，倒塌房屋176栋640间，紧急转移灾民42315人。据初步统计，直接经济损失达2.35亿元。山洪退去后，由于连续奋战，超负荷工作的宋文博的血压不断上升，体力明显下降，但他强忍不适，又马不停蹄地带领官兵连续两个昼夜奋战在抗洪救灾第一线，帮助灾民清理污泥、抢救粮食财产、补修房屋、运送干净饮用水，积极开展灾后重建工作。

2009 年 6 月 13 日，因疲劳过度引发高血压脑出血，宋文博昏倒在大队营区，14 日凌晨 4 时 30 分，经医院多方抢救无效去世，年仅 37 岁。

宋文博牺牲后，他的英勇事迹迅速传遍三湘四水，跨过长江、黄河，在全国引起了强烈反响。国务院、中央军委追授他“爱民模范”荣誉称号。国务委员、公安部部长签署命令，给宋文博追记一等功。湖南省人民政府追授其为“湖南省抗洪模范”，共青团中央、中华全国青年联合会追授他“中国青年五四奖章”……“当兵当如宋文博，铸就军魂；做人亦如宋文博，万古流芳。”人民不会忘记宋文博，历史将永远铭记宋文博！

李影超
献身强军目标的好兵

在李影超635天短暂的从军履历上，却有3次选择引人注目：入伍不到15天，他撕掉了留守申请，主动说服战友一起踏上雪域高原；他放弃到战斗班的机会，积极申请去当“火头军”；在炊事班干得风生水起，却又坚决要求奔赴边疆大漠执行任务。

李影超（1992—2014），湖南省永州市宁远县人。李影超出生在一个普通的农民家庭，从小就崇拜军人，向往军营。在强军梦的感召下，已有两年打工经历的他毅然报名参军，来到河北保定某团，成为一名光荣的武警战士。入伍后，他积极参加部队组织的各种活动，努力强化自身的军事素养。他在日记里写道：“作为英雄部队的新传人，就要像师训说的那样听招呼、卖力气。”

入伍不到15天，李影超就面临军旅生涯中第一次重大考验。2012年，他所在的部队全师奉命赴西藏维稳驻训，要挑选部分新兵随同入藏。听说西藏环境恶劣、反恐维稳斗争凶险，一些新兵打了退堂鼓，但是李影超的脑海中却一直浮现着革命先烈不畏艰苦、冲锋在前的感人事迹。第二天一早，他主动申请赴藏，在他的影响下，新战友们也纷纷撕掉了写好的留守申请。

2013 年 4 月，部队完成藏区维稳任务归建回营后，营部要求连队抽一名战士到营部炊事班。李影超主动请求去炊事班。他说："都是为部队作贡献，没什么丢人不丢人的！"岗位的变换，对于李影超来说是跨越，更是挑战。他自费买来烹饪书籍，常常做笔记直到深夜；他向参加过培训的炊事员拜师，服役的部队里有名气的炊事员几乎都被他请教过。

2014 年 5 月，部队担负了新的使命——新疆维稳驻训任务。李影超作为炊事员原本可以留守，但他主动要求回到战斗班。为了尽快适应执行战斗任务的需要，他攒钱买了音乐播放器，每天晚上戴着耳机边听边学执勤维语。他借来和田地图，一有空就背记街道名称，终于练就街区"活地图"、执勤"一口清"的过硬本领，还练就了一双"火眼金睛"。

2014 年 7 月 25 日凌晨 1 点多，一辆大巴车驶入卡点接受例行检查。李影超发现有一名男子鬼鬼祟祟，于是立刻暗示两名战友不动声色地实施包围。经查，这人是一名通缉犯，如果不是李影超及时发现，后果十分严重。

参与维稳执勤工作两年来，李影超参加一线执勤 1500 多个小时，参与处置治安事件 50 多起，协同抓获犯罪嫌疑人 13 人，救助各族群众 20 多人，被评为"执勤能手"。

作为车辆装备捆绑加固组组长，每次到站停车，不管刮风下雨，李影超都一丝不苟地检查固定在列车上的车辆是否松动，呵护战友冷暖，保证装备安全。

说起李影超对战友、对驻地群众的好，连队官兵们简直说也说不完：战友生病，他嘘寒问暖，送上可口的饭菜，帮战友站岗放哨；部队营区清理垃圾打扫厕所，无论多脏多臭他都一马当先；部队驻地的敬老院里，他是孤寡老人们贴心的“兵儿子”；西藏高原执勤，他捧着氧气瓶救助缺氧晕倒的游客，自己却因缺氧昏迷；藏族宗教节日安保，他奋不顾身从疯狂的牦牛蹄下救出藏族群众，自己却被牦牛踢伤……

2014年9月7日，在连续一个月执行和田街区巡逻任务后，李影超回到驻训基地。他本应美美地睡上一觉，但新战士蒋晓光病了，李影超替他站了夜里一班岗哨。

9月8日上午9点，塔克拉玛干的太阳升起的时候，李影超又站在哨位上。然而，突发的心脏病，把他22岁年轻的生命永远定格在玉龙喀什河畔的执勤哨位上。

在李影超635天的短暂军旅生涯中，他在平凡的岗位上始终保持强烈的事业心和责任感，恪尽职守，乐于奉献，生动地诠释了新一代革命军人的价值追求和时代担当。

张　超
筑梦海天的强军先锋

4.4 秒，生死关头，第一时间跳伞才是最佳选择，张超却作出了一个“最不应该”的选择——全力推杆到底。为了避免战机毁损，张超作出了最后的努力，自己却错过了最佳跳伞时机。2016 年 4 月 27 日 15 时 08 分，他的心脏永远停止了跳动。张超是为我国人民海军航母舰载机事业牺牲的第一位英烈。

张超（1986—2016），湖南省岳阳市人。贫寒的家境和优良的家风，激励着幼小的张超好学上进、健康成长。

中学期间，张超立志报考航天院校，梦想当一名保家卫国的飞行员。他连续 3 年，在自己的小腿肚上绑上沙袋进行锻炼，强身健体，同时努力学习文化知识，终于于 2004 年 9 月考入空军航空学院。

2009 年，张超以优异的成绩毕业，进入海军某训练基地。由于表现突出，他被内定留在基地任飞行教官。张超谢绝了这个在别人看来既有较高待遇又相对安全的安排，毅然决然地选择加入航空英雄王伟生前所在部队当飞行员。

海南岛的椰风海韵固然美妙恬静，但南海上空并不平静。某些超级大国和蕞尔小国的侦察机常来我领海领空袭扰。张超曾单机升空与外机斗智斗勇。一次，一体型庞大的外机悍然入境，张超单机迎战，以非常规的“蛇形飞行法”强势驱其出境。他以顽强的斗志、超人的胆魄和精湛的技艺，捍卫了祖国的领空和尊严。

2015 年 3 月，张超放弃了提职的机会，与刚结束两地分居不到一年的妻女再次作别，毅然北上，成为中国海军最年轻的舰载机飞行员。

舰载机飞行员被称为“刀尖上的舞者”，其牺牲概率是普通战斗机飞行员的 20 倍。张超对此十分坦然，一心逐梦海天。他是比战友们迟到两年的“插班生”，但他常常把自己绑在冰冷的模拟飞行器上苦练，以惊人的毅力和超人的耐力，逆风起飞，愈战愈勇，被战友们誉为“飞行超人”。

2016 年 4 月 27 日，张超执行陆基训练任务，就在即将完美收官的那一瞬，飞机突发电传故障，随着一声尖啸，飞机突然如一头狂兽向上猛蹿。千钧一发之际，张超义无反顾地将操纵杆向上猛推，尝试保护心爱的战斗机。4.4 秒，虽然短暂，但跳机求生足矣。张超放弃了这宝贵的 4.4 秒，选择了继续推动操纵杆到最后一刻。虽然张超最后从座舱弹射出来，但因弹射高度太低，角度不好，主伞无法打开，座椅也无法分离，他从空中重重地摔在了地上。

战友们用颤抖的手抱起血肉模糊的他。他的最后一句话却是：“我是不是要死了，再也飞不了了……”在生死抉择的瞬间，张超

张超驾驶歼 -15 战机顺利完成首组开飞任务

首先想到的是挽救战机；在生命的最后时刻，他最难以割舍的还是上机飞行。这是一种把祖国飞行事业刻进骨血的热爱，是一种坚守到最后的军人气节。

2016 年 11 月，中央军委主席习近平签署通令，追授张超为“逐梦海天的强军先锋”。2017 年 11 月，中央文明委授予张超“第六届全国道德模范”称号。2018 年 9 月，张超被中央军委批准为全军“挂像英模”。

图书在版编目（CIP）数据

为了人民幸福　为了民族复兴：湖湘英雄烈士谱 / 中共湖南省委宣传部编. —长沙：湖南人民出版社，2019. 7

ISBN 978-7-5561-2258-5

I. ①为…　II. ①中…　III. ①革命烈士—列传—湖南　IV. ①K820. 864

中国版本图书馆CIP数据核字（2019）第147063号

WEILE RENMIN XINGFU WEILE MINZU FUXING HUXIANG YINGXIONG LIESHI PU

为了人民幸福　为了民族复兴——湖湘英雄烈士谱

编　　者　中共湖南省委宣传部
责任编辑　黎晓慧　吴向红　龙妍洁妮　马淑君　吴韫丽　周　熠　杨　纯　唐　艳
装帧设计　格局视觉 Gervision
责任校对　丁　雯

出版发行　湖南人民出版社［http://www.hnppp.com］
地　　址　长沙市营盘东路3号
邮　　编　410005
经　　销　湖南省新华书店

印　　刷　湖南凌宇纸品有限公司
版　　次　2019年7月第1版
　　　　　2019年7月第1次印刷
开　　本　710 mm × 1000 mm　1/16
印　　张　17. 5
字　　数　160千字
书　　号　ISBN 978-7-5561-2258-5
定　　价　39.00元

营销电话：0731-82683348　（如发现印装质量问题请与出版社调换）